本书受教育部人文社会科学研究规划青年项目（15YJCZH156）的资助

涂玉龙 / 著

Family Firm Sustainable Development:
The Balance Between the Family and the Firm

家族企业的可持续性发展：
家族和企业的发展与平衡

中国经济出版社
CHINA ECONOMIC PUBLISHING HOUSE
· 北 京 ·

图书在版编目（CIP）数据

家族企业的可持续性发展：家族和企业的发展与平衡/涂玉龙著.
—北京：中国经济出版社，2018.11（2024.1 重印）
ISBN 978-7-5136-5377-0

Ⅰ.①家… Ⅱ.①涂… Ⅲ.①家族—私营企业—企业—发展—研究—中国
Ⅳ.①F279.245

中国版本图书馆 CIP 数据核字（2018）第 226262 号

责任编辑 罗 茜
责任印制 马小宾
封面设计 任燕飞

出版发行 中国经济出版社
印 刷 者 大连图腾彩色印刷有限公司
经 销 者 各地新华书店
开　　本 710mm×1000mm 1/16
印　　张 13.25
字　　数 176 千字
版　　次 2018 年 11 月第 1 版
印　　次 2024 年 1 月第 2 次
定　　价 68.00 元
广告经营许可证 京西工商广字第 8179 号

中国经济出版社 **网址** www.economyph.com **社址** 北京市东城区安定门外大街 58 号 **邮编** 100011
本版图书如存在印装质量问题，请与本社销售中心联系调换（联系电话：010-57512564）

序

中国内地的家族企业经过改革开放40余年的积累，已到了代际传承、突破创新的关键时刻。社会各界开始探讨如何保持家族企业的可持续性发展，保持民营经济持续健康的发展。同时随着外界环境的变化和中国经济进入新常态，家族企业发展变得越来越重要。相较于欧美多代的家族企业而言，我国家族企业多在第一代且大部分面临着一代向二代的交接，这种交接速度正在加快，涉及了家族企业的继任计划，包括法律、经济和治理等多层面的考虑。为了成功传承，除了需要考虑法律、经济、财政和税收问题，还必须考虑具体的家族和企业责任。为了确保达成家族和企业兼容并蓄的解决方案，家族企业的目标是什么就显得极为重要，这决定了如何引导家族企业的发展和揭示家族企业治理过程中应做出哪些方面的努力，所以有必要对家族企业研究的结果变量进行总结和分类，这不但有助于家族企业研究者和实践者对家族企业的了解，而且也有助于探讨家族企业可持续性发展需要哪些知识并创造哪些更有效的结果，而为了实现这个目标需要明确以下问题：①目前家族企业研究使用的因变量有哪些？哪些是该领域特有的？②这些因变量之间有什么关联？③家族企业研究中哪些因变量还未受到关注？哪些因变量应值得更多关注？

事实上，因变量有助于定义研究邻域的实践边界。例如，财务绩效是战略管理的决定性结果变量之一（Nag，Hambrick & Chen，2007），机会识别被视为创业管理的核心结果（Short，Ketchen，Shock et al.，2010），因此，通过考察家族企业学科的关键结果变量（因变量），无论是家族企业的研究者还是实践者都可以更深入地理解该领域的范围及其独特性。

他山之石，可以攻玉，环顾全球，著名超市连锁品牌“沃尔玛”的拥有者——沃尔顿家族在生存、发展、传承等问题上都几乎做到了完美；日本宾馆 Hoshi Onsen 已经由 Garyo Hoshi 的后裔经营了 46 代，跨越了 1300 年的历史；法国葡萄酒生产商 château de Goulaine 酒庄的历史要追溯到 1000 多年前。在有限的寿命、战争、自然灾害以及环境动荡的背景下，长寿的家族企业令人肃然起敬。虽然许多家族企业的创业者希望他们的家业长青，但只有少数人能做到。这些少数的成功的家族企业虽来自不同行业、不同地理区域和不同文化背景，但在家族和企业生命周期中都善于保持他们的核心能力，专注于家族系统和企业系统的本质，既能灵活变通，满足家族成员的需要，又能对企业的核心本质保持坚韧和弹性，在家族企业的可持续性发展中展现出企业和家族的平衡和发展。

我们有必要从这些成功的家族企业中归纳出成功的因素，从全球顶尖的研究期刊中找出线索，这些研究成果不仅可以加强家族企业所有者和学者对家族企业的了解和如何对家族企业施加影响，还可为我国内地的家族企业的可持续性发展提供借鉴。如果家族企业管理者能了解到哪些结果对家族企业是重要的，以及如何与非家族企业区别开来，则可以帮助他们分辨这些差异，并采取适当的行动，系统地发展家族继承人的企业知识和社会资本以取得积极的继承结果。

因此，研究将从家族企业的结果变量展开。一旦家族企业管理者开始了解家族企业是如何独特的，他们就可以清楚家族企业的身份，界定对家族企业身份重要的结果，并就如何获得预期的结果做出清晰的决策。正如 Sekaran（2002）所指出的，因变量是研究者主要关注的变量。因此，在理论层面上，对家族企业特定结果变量的研究有助于其与其他类型的企业相关联的结果变量进行比较，找到家族企业管理的独特性；在实践层面上，可以帮助家族企业管理者进一步明晰家族企业中的业务领域的界限和独特性，明确在家族企业的发展中如何提高家族企业绩效。这在理论上或是实践上都是有价值的。

涂玉龙

2018. 5. 7

前言

家族企业是建立在血缘及姻亲关系上的特殊组织结构，企业直接或间接受到特定家族所拥有或控制。家族企业普遍存在于各国中，我国也不例外，大部分的中小企业都是家族企业，甚至包括大型公开上市的企业。然而在主流的企业形态中，家族企业往往被认为是一种少数的、较不重要的组织形态。家族拥有或控制也不认为是影响企业发展的主要因素，甚至只会带来负面影响，如任人唯亲、裙带关系等。特别是 Berle 和 Means（1932）提出了现代企业是所有权与经营权分离的企业的经典论述，两权分离也被许多学者认为是企业现代化的必经之路，而对于所有权与经营权两权合一的家族企业自然成为落后与效率不高的代表，甚至一些文献将家族企业等同于落后、小型的企业。而事实上，家族企业遍及全球，无论是规模还是产业类型都不容小觑，对各国的就业及经济成长更是贡献卓著。

我国家族企业经过改革开放 40 年的发展，也正处于家族企业成型的关键时期，相较于欧美一些老牌家族企业动辄上百年的传承历史，我国家族企业大多还处于第一代向第二代传承或刚完成第二代传承的阶段。在这关键时刻，我国家族企业面临多重挑战：转型升级但发展创新意识滞后，代际传承引发多方纷争，家族成员主导重要决策导致与非家族管理人员难以和谐相处。这些家族层面、企业层面的问题交织在一起，同时当下我国家族企业正处于社会发展的新常态，受国家政治、经济及社会环境的影响，家族企业的发展形势扑朔迷离。但家族企业的可持续性发展对我国经济和社会均会产生不可忽视的影响力。

根据中国国家工商行政管理总局的统计，截止到2008年底，在中国内地登记注册的私营企业达到654.42万户，对GDP的贡献率超过60%，对税收的贡献率超过50%，提供了近70%的进出口贸易额，创造了80%左右的城镇就业岗位，吸纳了50%以上的国有企业下岗人员、70%以上新增就业人员、70%以上农村转移劳动力，且家族企业的影响力在近十年的发展中不断增强。因此，社会各界就家族企业如何可持续性发展展开了广泛探索，本书亦在此背景下围绕“家族企业如何可持续性发展”展开学术思考，通过梳理国外顶尖期刊关于家族企业的研究文献，对家族企业的结果变量进行分类，形成家族企业平衡与发展的整合性架构，期望能进一步拓深学界或是实务界对家族企业可持续性发展的课题视野与领域。

现有的家族企业研究文献中的结果类别分为：家族关系、家族企业中员工的角色、专业化管理、家族企业战略、家族企业绩效、代际传承和社会经济影响。每个结果类别为一章，阐述这个议题的研究现状和展望。本书在这7个类别的基础上整合家族企业平衡发展模型，并提出了对我国家族企业可持续发展的启示。因此，整本书分为九章：

第一章家族企业研究的结果变量，讨论了家族企业成功的界定，并在文献回顾的基础上，以时间和系统作为两个维度，总结了7个主要的结果变量，涵盖了家族业务、企业业务、短期业务和长期业务四个象限。

第二章家族企业的家族关系，家族关系讨论了在家族企业中业务的独特特征，捕捉了家族企业领域的独特性，为了适应家族和企业发展的需要，需重新评估这些家族成员的关系，进一步提升家族企业平衡家族与企业的能力，因此这一章将涉及家族性、负面的家族关系、家族企业的冲突、家族成员的承诺与满意度的研究成果。

第三章家族企业中员工角色，这章涉及家族企业成员和相关非家族企业成员的角色和态度，包括家族企业业主的配偶角色，家族成员的角色，家族参与商业活动以及家族企业成员、非家族成员和首席执行官等利益相关者对家族企业的态度，以利于家族企业政策的制定者在调整家族业务的角色时达到最佳的角色设定结果。

第四章家族企业的专业化管理，这章讨论了在专业化管理范围内可以发展什么样的机制来完善整个家族企业管理的有效性，如何通过有效地协调治理结构，使家族企业的企业系统获得预期的结果，涉及家族治理、家族所有权与控制、家族董事和董事会、治理结构、家族网络、非家族网络、家族企业文化、人力资源管理等方面。

第五章家族企业战略，战略被认为是世代维持家族企业的关键。家族企业的重要决策受到家族的影响，这一章将关注家族如何影响企业在债务或是股权融资方面的决策，如何阻碍或促进家族企业国际化战略，什么样的家族企业的特征利于二元性战略的形成，家族影响如何在投资政策或企业成长方面施加影响。找寻这些问题的答案不仅利于家族企业的发展而且也可以建立家族企业战略理论。

第六章家族企业绩效，无论是学界还是实务界，都需要更仔细地研究一下如何来衡量家族企业绩效。什么样的绩效对家族企业是重要的？家族企业相比非家族企业可能会出现不同的绩效目标，在协调绩效结果时，家族企业很可能出现冲突，而使家族企业间出现差异。这些问题的答案有助于家族企业在企业发展中合理分配资源，将有限资源投放到家族企业最应关注的绩效目标上来。

第七章家族企业的代际传承，家族企业的接班问题，是过去许多关于家族企业的研究当中一项相当重要的议题，由于家族成员的继任是家族企业延续与发展的关键因素，因此在家族中两代人之间的交接计划设计，可谓是家族企业的重要任务。这一章详细阐述了家族企业交接班的方式、过程及结果，与企业之后的发展密切相关。

第八章家族企业的社会经济影响，社会经济影响涉及家族企业与其经营环境之间的互动。在世界各地的不同经济体中，家族企业无论是对国民生产总值的贡献，或是对就业市场的贡献，均占据着极为重要的位置，但家族企业对社会经济影响是家族企业领域研究中最少却最具特色的类别。该类别包括了经济贡献、创业创新、家族性、社会资本的转移以及监管商业环境等方面。

第九章家族企业的平衡与发展。综合上述八章的观点，就家族企业如何在微观家族层面、中观企业层面和宏观社会经济层面的结果方面进行互动展开探讨，建立家族企业平衡与发展模型，并探讨了我国家族企业可持续发展的启示，以期补充当下家族企业可持续发展的理论，为实务界提供家族企业可持续发展管理之参考。

目录

CONTENTS

第一章

PART 1

家族企业研究的结果变量

第一节　家族企业成功的界定

家族企业代表了家族和企业双向目标的组织形式，随着时间的推移，家族企业呈现出家族和企业系统的日益复杂性和自己的特性，需要在不同的生命周期阶段对其发展投入不同的关注程度。例如，在短期内包含财务绩效的类别，财务绩效需要立即关注，并在短时间内进行监控，因为企业的根本目标是要生存。然而，从长期来看，如继任计划要远程控制，需几年甚至是几十年的时间，在较长时间内考核继任规划。因此，以时间和系统两个维度作为区分特征，构成了家族企业结果变量的四个象限，分别是：短期家族、长期家族、短期业务和长期业务，如图一所示。

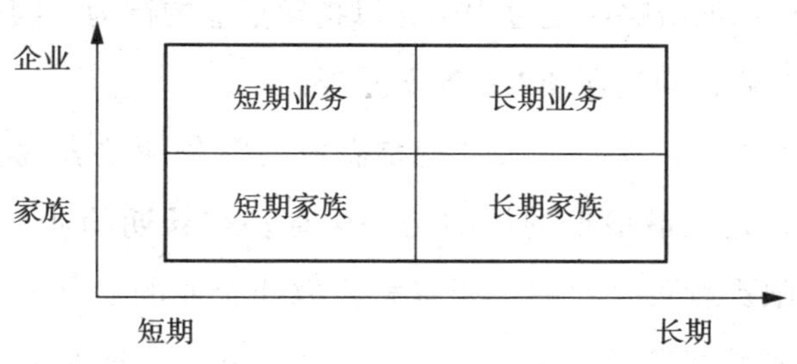

图一　家族企业结果变量分类

在短期家族象限，研究的结果类别有：家族企业中成员的态度、家族成员业务角色、家族企业特征、家族成员间的关系等，如家族企业中家族成员对家族企业的首席执行官的态度，以及对家族角色的态度等。因为态度影响日常经营和决策的过程，它可以快速改变短期家族的角色行为。

在长期家族象限，结果类别有：家族成员的角色，尤其是创业者的配偶和子女的角色；企业经营和继承计划；家族企业的发展；家族成员承继业务的规划等。在家族企业的长期发展中需要界定家族成员在企业内外的潜在角色如何在家族企业生命周期不同阶段为企业做出贡献，例如一个家族成员可以成为首席执行官、企业的经营管理者、股东或仅是一个雇员，因为角色是界定家族企业结构和家族成员之间关系的主要机制，因此所有家族成员，无论是哪个角色都需要弄清楚角色的任务和所承担的职责。

在长期业务象限中最为突出的结果变量是代际继承，因为代际继承在当下可能并不紧急，很少有业主认为这是一个急迫的问题，所以，继承规划常被忽视的结果是可能会导致继任延迟或失败。作为家族企业，家族企业成功过渡到下一代是至关重要的。家族企业对社会和经济的影响与其嵌入性有关，在家族企业长期业务的发展中对其所在地区的社会经济产生贡献，贡献的产生与家族企业的嵌入性有关，相关文献表明，家族企业比非家族企业具有优势（Anderson & Reeb，2003），这些优势通常嵌入在他们的战略制定过程中，以指导企业的行为。因此，战略问题对于家族企业长期生存和发展至关重要。

在短期业务象限中最受关注的是企业的财务绩效表现，家族企业首先是企业，企业最根本的目的是要生存，与长期的业务象限相比，短期业务象限更看重企业的短期盈利能力和企业的命脉——现金流情况。但企业要长期发展，家族企业的短期业务与长期业务必然是相互作用的，短期的盈利能力和丰富的现金流为长期业务的发展储备财务支持，长期的发展战略为企业获得适应外界环境的生存力，保证企业的生存。在这相互作用的过程中，由企业的专业化管理系统来协同，协调家族和企业在不同时间的目标。家族企业的所有者、经理和董事会通过专业化管理的方法和机制来协调家族和企业的需求和发展，因此家族企业的可持续性发展应该保持一种均衡的发展观，即保持家族与企业的平衡。

第二节　家族企业结果变量的分类

本书遵循 Priem，Love 和 Shaffer（2002）的方法建立一个数值分类法：本书收集了 1998—2017 年间在大二大期刊上（Academy of Management Journal，Academy of Management Review，Entrepreneurship and Regional Development，Entrepreneurship：Theory & Practice，Family Business Review，Harvard Business Review，International Small Business Journal，Journal of Business Venturing，Journal of Small Business Management，Small Business Economics，Leadership Quarterly，Organization Science）发表的实证研究中关注的因变量。在这一时间区间共搜集到 557 篇文章，其中 380 篇文献中的因变量（结果变量）被鉴定出来，然后本书将这些因变量归为 30 个因变量类别，最后再提炼成 7 个类别。在此基础上研究人员邀请了 35 名家族企业领域的学者和家族企业主代表判断在研究中所选的结果类别之间的相似性和差异性。由系统的维度（业务）和时间尺度（短期与长期）组成家族企业经营成果的 4 个区域。接着，进一步细化和验证多个利益相关者群体类别和结果类别。最后，在访谈中，对邀请的家族企业学者和家族企业管理者代表进行提问，通过设置的两个开放式问题来试图捕捉家族企业研究中缺失的结果变量。具体问题为：在您看来，是否有哪些结果的变量类别在归类中不明确？如果有缺失，缺失了什么？在未来的家族企业研究中，哪些结果变量值得更多的关注，为什么呢？通过访谈以期更准确地反映家族企业未来的发展方向。具体分为以下 7 个类别。

一、家族关系

家族关系在家族业务领域是独特的，在过去的十年中，研究已经逐渐从代际传承到业务绩效再到家族关系，这显示出家族企业领域的独特性：家族产出和社会情感财富。在不断变化的外部环境中，家族企业培养的家族制度起到了关键作用。通常家族的老一辈成员在向年轻一代灌输核心家族价值观时，家族中总会出现家族成员进入或退出家族系统，但若要避免这些成员的变化引起的动荡破坏家族的本质，如何满足所有不同个体的多样化需求，从而使每个家庭成员的全部潜力得以发展显得至关重要。

为了适应家族和企业发展的需求，需重新评估这些成员，进一步提升家族企业管理者平衡家族与企业的能力。家族企业管理者可能会忽视家族关系，下一代的家族成员可能被置放在所有者、家族企业角色和代际问题之外，家族企业主需找到办法来避免这类问题的出现，通过审查整个家族业务系统确定其关键问题，例如关于家族企业成功的关键因素的问题可能是：您如何定义家族企业的成功？什么因素可能不是您想象之中的成功？您的企业在多大程度上实现了您对成功的定义？从而对家族企业在所属行业，所处生命周期的不同阶段家族社会化进程、家族的属性和模式方面进行界定。在某一时间点上，一个类别要素可能比其他类别要素更为重要，或者一个特定的结果比其他类别结果更为重要。例如家族成员的情感冲突可能比家族成员的任务冲突更为重要，因为情感冲突与破坏性行为紧密相关。

二、家族企业中员工的角色

家族企业员工角色被定义为家族企业成员和相关非家族企业成员的角色和态度，包括家族企业主配偶的角色、家族成员的角色、家族参与商业活动及家族企业成员、非家族成员和首席执行官等利益相关者对家族企业的态度。由于家族经营被公认是这一领域的独特性，家族企业中的业务领域，区分了家族企业与其他非家族企业的范畴，因为三种利益相关者如家族成员、非家族成员和CEO对家族企业的态度在短期家族中被提到，相比之下，家族参与商业、家族成员的角色以及家族企业主配偶的作用在对家族企业的研究中也值得研究。

角色和态度相互影响彼此塑造，角色根本性地定义了家族和企业的结构。因此，角色扮演在家族控制企业中发挥着重要作用。态度通过调整自己的角色的期望而习得（Berger & Luckmann，1966），就长期维度中的角色，Berger和Luckmamn（1966）阐明了制度之间的关系（如习惯行为、符号、仪式等）和所有制度化的行为涉及的角色。

这些不同的角色将承担不同的职责和期望，定义个人之间的结构或权力秩序，并控制整个家族企业。家族企业主把接力棒传给下一代时，需保持所有制度化的角色，以确保企业的成功运作。

既然角色在家族企业中是如此重要，那么可以做些什么来确保家族企业的利益呢？首先，家族成员应清楚了解家族企业的角色界限（Santiago，2011），承担相应的职责，避免可能发生的冲突。例如，在同一时间，有人既是家族企业主又是家长，经营企业带来的压力伴随着家长在训练下一代的不如意的压力，家族成员要清楚不同角色不同职责。其次，保持家族企业的良好结构和对家族企业角色进行间歇性审查是必要的。为了适应不断变化的环境，如外部业务环境，内部家族扩展、收缩或企业不同的生命周期时间点，应及时定义、审查和修正家族企业中的角色和结构，以确保家族企业在正确的轨道上运转。例如，是否应在业务参与中考虑姻亲成员（Santiago，2011），如果需要，应考虑具体的条件，如果不需要，姻亲成员在家族中应扮演什么样的角色？最后，角色应该被适当地设计和使用成为一种机制，使家族参与到业务中。例如，家族企业所有者可以扮演成一个高级雇员或是未来继任者的教练，而不是扮演成两个相互冲突的角色。

关于家族企业主的配偶，共同继承人和女性家族成员角色的研究主题在家族企业研究中仍然缺失（Sorenson，Yu & Brigham，2010）。对于这些研究的缺失，一位学家认为对于姻亲和亲属的角色涉及法律问题，应将企业设置在更宽泛的亲属关系中，而不是假设我们知道什么是“家族”。另一位学者认为家族成员角色的类别研究对于未来家族企业研究是非常有趣的，角色类型扮演涉及了如何澄清角色的设定，如何处理在家族企业中角色之间的关系等。

更多了解家族成员的角色，如家族企业主的配偶、继承人和女性成员的角色将提高家族企业效益（Sorenson，Folker & Brigham，2008），更好地促进企业发展。由于对家族成员角色的研究的不足，理论上还没有一个良好的框架来阐述不同阶段的企业发展与家族成员不同角色的变化的匹配性，家族成员或非家族会员的角色如何影响对家族企业的态度方面的研究也很少。相反，家族涉入企业受到了越来越多的关注，并形成了一些初步帮助家族企业发展的发现。家族企业角色类的研究是重要的，因为家族成员的角色被公认为是家族企业中独一无二的因变量。这方面的关注将促进家族企业政策的制定者在调整家族业务的角色时达到最佳的结果。

三、专业化管理

家族企业专业化管理包括家族企业文化建设、人力资源管理、社会资本的储备与发展、资源分配的决策、家族控制、家族所有权和治理结构等，是家族系统和企业系统面临的短期和长期的问题的协调机制。在所有的研究类别中，专业化管理在研究文献中研究最多。尽管这组研究占过去研究总量的20%，但很少有同时关注了家族系统和企业系统在长期和短期时间的结果的实证研究。因此，这一类别在未来的研究中可以在以下几个方面深入研究：在专业化管理范围内可以发展什么样的机制来完善整个家族企业的有效性；如何有效地利用治理结构使家族系统和企业系统达到预期的目标；设置多少位家族董事会成员能提高企业的运营效率；家族企业中什么样的管理配置是最优的。这个类别可能是帮助家族企业实现家族与企业平衡，提高家族企业绩效的最直接和最显著的类别。

有学者将专业化管理中的一些子类别作为控制变量或自变量，如将家族控制和所有权作为自变量，将家族企业绩效作为因变量。未来的研究可使用这一类别中的更多变量作为因变量或调节变量，以使这个领域积累更多的知识。设计有效而合理的家族企业专业化管理系统，有助于指导和维持家族企业的发展。Lambrecht 和 Lievens（2008）在研究中发现：家族所有制、政府和企业管理系统三位一体的治理结构，同时兼顾了企业绩效和家族和谐。

四、家族企业战略

战略并不是家族企业所特有的，但被认为是家族企业世代传承的关键。Bergfeld 和 Weber（2011）发现，德国家族企业跨越了几代的创新行为取决于做出的战略变化。Salvato，Chirico 和 Sharma（2010）表明持续性创业与意大利家族企业害怕失去家族控制而做出战略上的改变相关。虽然战略并非家族企业研究领域独一无二的，但有些学者仍然认为一些特定的因变量值得进一步研究，例如有学者指出，“家族性”应做进一步研究，因为家族与企业之间的资产和资源交换是相互支持的，这是家族企业的一个重要而独特的特性，有助于家族企业长期生存和发展。再如，有学者认为影响家族企业的业务条件或环境最主要是外部的社会资本，Steier（2001）开发了一个如何对下一代的企业主进行社会资本管理的模型。Garcia - Alvarez，López - Sintas 和 Gonzalvo（2002）分析了从第一到第二代接班人的社会资本管理的模式。这些研究表明家族企业若要实现跨代经营，与这些企业做出的战略变化相关，与此同时需重视家族性的开发和社会资本的管理和转移等。

家族资源、销售收入和员工成长在不同规模的家族企业战略决策中都是非常重要的结果变量，因为它结合了经济和非经济目标，且保留了家族的特征。家族性和资源网络对家族企业的成功会产生重大影响，作为一个家族企业，虽然业务可以保持，但家族的作用会逐渐减弱，家族性资源可能会丢失，因此，可以探讨这些变量如何使战略发生变化，进而影响家族企业发展，即①家族如何影响企业在债务或是股权融资方面的决策；②阻碍或促进家族企业国际化战略的家族特征是什么；③家族企业的什么特征利于二元性战略的形成；④家族影响如何在投资政策或企业成长方面施加影响。找寻这些问题的答案不仅利于家族企业的发展而且也可以建立家族企业战略理论。

五、家族企业绩效

绩效被定义为企业不同层面的有效输出。绩效类包括总体绩效、业务绩效和财务绩效等不同类别，这主要决定于研究人员如何衡量绩效。在家族企业的文献中，一些学者使用调查问卷来收集管理者对企业绩效的评价数据，而另一些学者则采用了客观的企业绩效评价方法，如上市的家族企业公开的财务数据。在绩效指标的使用频率中，财务绩效排名第一，毕竟财务绩效在企业可持续性方面发挥了关键和直接的作用，而且使用财务指标较为客观。但绩效不应仅局限于经济增长或财富创造。在对家族企业主的访谈中，他们强调了非经济绩效的重要性。

对于非经济目标，一些专家说是社会情感财富，另一些专家认为是家族系统功能的完整性，这反映了目前家族企业研究应更关注家族企业的非经济的结果。无论是学者或是实践人员，都需要更仔细地研究一下如何准确地衡量家族企业绩效？什么样的绩效对家族企业才是重要的？这需要开发一个更全面的观点来衡量、预测和评估家族企业绩效以帮助家族企业的发展。

六、代际传承

代际传承代表了一个家族企业成功的可持续性，涉及的主题有传承规划、传承结果、家族企业主的退位形式和退出人员的经济补偿等。代际传承的研究已积累了丰富的研究文献，代际传承被分为三个主要方面：规划、过程、结果，以衡量不同的传承阶段。学者们采用了不同的分析单位或测量，以实现他们的研究目的。继承是确保一个家族参与业务的一个关键机制，研究传承中所有权的转变以及如何执行所有权的转移是学者们最频繁研究的方向，也是家族企业管理者实际需要解决的问题。家族企业应该建立一个正式的制度来监督交接班的管理实践，进行专业化管理；通过人力资源相关制度的设计，留住和激励优秀的管理者；调整委托人（如家族股东）和代理人（如非家族 CEO/经理）之间的利益，以保持交接班时家族企业治理结构的稳定。

Sharma 等（2003）发现，继承虽是最重要的话题，但 1998—2009 年之间继承研究的数量没有增加。看来传统的继承研究已达到饱和，研究范式也已经从代际传承转移到其他结果类别。现有的研究有助于了解影响继承活动和继承成功的因素，为有效地预测家族企业代际传承打下基础。未来研究重点应放在交接班的规划和交接中的专业化管理，这些被认为是在代际传承过程中提高家族企业长寿的关键。

七、社会经济影响

社会经济影响是指家族企业与其经营环境之间的互动。该类包括经济贡献、创业创新、家族性和社会资本的转移、监管商业环境等方面。在世界各地的不同经济体中，家族企业无论是对国民生产总值的贡献，或是对就业市场的贡献，均占据着极为重要的位置，但社会经济影响是家族企业领域中研究最少却最具特色的类别。

国际家族企业研究机构（International Family Enterprise Research Academy，EFERA，2003）调查指出：法国、德国有近60%的企业是家族企业，荷兰的数据是74%，葡萄牙、比利时和英国也有近70%，意大利甚至高达93%，这份调查也指出家族企业在澳大利亚提供了该国一半的职位，在美国是60%、印度65%、印尼85%。Kellermanns和Eddleston（2004）指出在财富500强企业排行榜中，有三分之一属于家族控制的企业。不同来源的资料在数据上或有出入，但都指向同一个现象：家族企业在全球不但普遍，而且非常重要。

创业创新是企业获得可持续发展的关键指标，随着时间的推移，也是家族企业获得高绩效和长寿的关键。家族企业的长期定位和短期利润之间不可避免地会出现冲突从而阻碍家族企业的创业创新行为，那么什么样的家族企业资源、结构、流程和特点促进了家族企业对创业创新机会的识别和新产品研发上市，家族企业可以从什么类型的创业创新活动中获益，提高经济效益和非经济效益。这些仍然需要更多的研究来加深家族企业对社会和经济产生影响的理解。

鉴于创业型企业和小型家族企业被认为是经济发展的重要组成部分，家族企业对创造就业的影响显著。家族企业的发展也需要政府制定相关的措施和制度，促进家族企业的增长和家族企业转型。这些不但有利于家族企业的发展，而且有助于当地经济和国家的发展。

八、小结

综上所述，家族企业的结果变量至少关注了四种成果：短期经营成果，短期家族成果，长期经营成果，长期家族成果。家族企业的结果变量汇总表如表一所示，家族企业的结果变量的分类展示了家族企业的业务研究领域，使家族企业主，家族企业管理者和研究人员对家族企业的可持续发展有更全面的解读。

家族企业研究中应更多地关注哪些结果变量，一些专家认为是家族成果和社会情感财富；一些专家则认为是家族层面值得更多的关注，如家族成员满意度、承诺、冲突、家族价值观对家族企业的态度等方面。之所以认为这些结果变量应给予更多的关注，是因为采用这种类型的变量可以帮助揭示影响家族结果变量的有利因素，帮助了解家族在企业中的影响和相互作用，并推动整个领域的发展。企业对家族生活方式的影响，家族对企业的满意度和承诺等相关主题的探讨有助于解释家族企业专业化管理中的问题，家族企业管理者不但需在企业上考虑家族问题，而且也需要在家族中考虑企业问题。在这个双向的互动过程中，以下变量的进一步研究有助于提高家族企业的管理水平。

- 家族凝聚力；
- 家族关系的减少或增加；
- 家族企业文化影响；
- 家族价值观；
- 道德行为；
- 家族生产力；
- 家族员工发展；
- 家族利他主义；
- 家族成员的成功；
- 家族功能的完善；
- 家族和谐；
- 家族系统沟通质量；
- 家族情感盈利能力；
- 企业变革和困难时期的家族关系。

这些议题对研究人员提出了一个挑战和机会，因为家族的影响在这些方面更难以评估。企业应该认真考虑其家族的需求或目标，而不仅仅是企业的需求或目标。如果家族企业的发展没有家族和企业平衡的发展，家族企业的发展会出现很多问题，虽然很多文献已经开始讨论这些问题，但只触及了这些问题的知识表层，仍有太多未知之处。

（1）家族应放置在更广泛的家族亲属体系中，这些成员如何对家族企业发展，施以承诺？

（2）家族系统的功能如何具有完整性？尤其在代际传承过程中。

（3）战略决策在家族企业中有什么不同吗？家族如何影响家族企业的战略决策？

（4）绩效是如何定义和评价家族企业绩效水平，家族影响如何对家族企业绩效指标产生影响？

（5）家族的创业能力和创新能力对家族企业绩效、延续等都是至关重要的。在企业创新、变革或是企业困难时期，家族和家族企业的利益相关者是如何影响家族对创业创新机会的识别和提高创业创新能力？

（6）在变革和颠覆的时代，家族目标比经济目标更有影响力，那么，家族目标是否应该比经济目标得到更多的关注？例如，家族成员的满意度、承诺、家族冲突等。

（7）家族企业所处的商业环境对家族企业发展的影响有何不同？

表一　家族企业研究的因变量类别

大类	子类别	因变量
家族关系	承诺	家族继承承诺；决策承诺；股东组织承诺；员工承诺。
	冲突	情感冲突；女性的成功过程中的挑战；家族企业间的代际差异；任务冲突；家族企业成功；情感幸福；克服成长的限制；在继承过程中家族关系的问题；任务冲突；关系冲突。
	家族企业特征	F－PEC；家族企业定义；家族氛围；家族企业发展；家族企业导向；家族企业和非家族企业之间的差异；家族企业领域特征、家族属性和家族力量；家族企业价值观；家族企业模式；家族变化；成功的关键因素；家族性。

续表

大类	子类别	因变量
家族关系	家族因素	家族经营特征；家族企业社会责任；家族意愿/行为；企业目标；过程公平；家族凝聚力；社会化进程和模式；家族结果；家族信任；家族企业伦理；家族连续性；家族绩效。
	满意度	对继任过程的满意度；家族成员的满意度；第二代态度；员工满意度；机会主义；利基市场；家族和谐。
家族企业员工的角色	CEO 的态度	家族经营态度；家族和企业问题；未来的家族成员 CEO 对企业的看法；第二代的家族成员态度。
	家族成员的态度	对家族和企业的态度；家族成员不加入企业的原因；所有者对家族和企业的态度；未来领导者对企业的态度。
	非家族成员的态度	非家族 CEO 的态度；非家族高管人员对企业的态度；非家族高管对家族的情感。
	家族参与企业	董事会的组成；高层管理团队中的家族成员比例；家族企业代际差异；家族企业情感；家族成员持续涉入；家族性。
	配偶的角色	合作关系；配偶与利益相关者的关系；配偶角色类型；对家族经济福祉的贡献和就业；家族情感。
	女性家族成员的角色	可见度；继承人过程中的挑战；家族企业之间的代际差异；参与企业管理；参与领导的途径。
专业化管理	家族业务目标	企业目标；家族目标；家族企业文化。
	决策	连续性战略投资决策；创业决策；财务资源配置；未来领导者对企业的认知；加入家族企业的意向；依赖单一的决策者；社会情感；公平的过程；代际差异的家族企业；继任计划活动；家族的独立性；决策质量和决策承诺；管理权和所有权；家族成员和企业发展；社会的尊重；妇女参与领导的途径；利他主义管理；参与式决策。
	家族控制	家族控制；高层管理团队的家族关系类型；组织的灵活性；组织生命周期阶段的官僚和氏族控制；董事会；管理团队中家族成员的百分比。
	家族所有权	财务资源配置；所有权的连续性；公平过程；在继承过程中有关家族关系的问题；下一代的所有制结构；所有权的继承；股权融资；所有制结构。

续表

大类	子类别	因变量
专业化管理	治理结构	企业治理结构；非正式合作；管理权和所有权；高管任期；代理成本；交易成本；高管管理团队的家族关系类型；董事会组成；家族企业结构；家族关系在治理过程中的问题；独立董事；家族企业成员在最高团队中的比例。
	家族网络	网络的构成；沟通模式；正式的聚会和非正式的沟通；外部网络；家族网络；社会网络；非家族成员网络；敌对环境下的生存战略；创业家族企业的建立和成长；企业与家族的一致性。
	家族企业文化	企业绩效；家族和企业目标的统一；企业战略；家族企业的可持续性发展；创业创新；顾客满意度；盈利能力；技术创新；声誉；社会形象。
	人力资源管理	财务绩效；专业的治理实践；战略人力资源；公平程序；灵活性；家族成员人力资源开发；家族信任；机会主义；团队凝聚力；企业总收入；发展停滞。
家族企业战略	财务结构债务	杠杆；财务结构；家族企业间的代际差异；上市企业的角色；家族资本；风险资本；财务管理技术；财务政策；股权融资；家族融资与外部融资；利率溢价；盈余管理。
	国际化进程	国际化进程；国际化；国际化参与；组织灵活性；外国接投资行为；国际承诺投资政策；战略投资决策；财政资源投资政策配置；家族天使和其他非正式投资者的差异；风险资本；家族融资与外部资金；研发比例。
	战略内容	战略一致性；应对新兴经济战略；二元性战略；客户关系管理；服务质量；敌对环境中的生存策略；家族企业产业的优势与劣势；连续性；产品多样化；战略灵活性；创业导向；扭转战略；动态家族控制的企业战略适应。
	生存和成长	长期的组织化生存；组织失败；目标绩效；绩效变化；低附加值企业的生存率；继任绩效；家族企业成长与发展；组织绩效（销售成长）；创业型家族企业成长；企业扩张；长寿；扭转战略；雇佣扩张。

续表

大类	子类别	因变量
家族企业绩效	财务绩效	企业业绩；财务资源配置；销售增长绩效；短期财务业绩；长期股票表现；企业市场价值；运营效率；销售收入；连续绩效；股权资本成本；财务行为；家族企业发展；家族性；IPO；家族企业的成长与发展；代际财务绩效：克服成长的局限；盈利能力；融资；可持续性。
	全面绩效	企业绩效；成功的感知；家族企业的成长与发展；企业经营成果；关键成功因素与特征；可持续性；对成功的感知；社会责任；社会情感目标。
代际传承	职业化管理	管理的职业化；管理策略；家族的意图/行为；计划；家族；家族企业间的代际差异；对新兴经济体的战略反应；家族企业实践；专业管理。
	继承过程	继承规划过程的延伸；继承的前任和继承者的职务；女性继承过程中的挑战；继承过程的成功性；在继承过程中有关家族关系的问题；对继承过程的满意。
	继任计划	规划；家族企业之间的代际差异；家族企业的关注点；管理和所有权特征以及关键的成功因素。
	代际传承事件	管理交接；增长转型；社会资本的转移和管理；家族人力资本的开发；加入家族企业的意向；依赖单一的决策者家族企业互动；部分退休；社会化过程和模式；继承的结果；继任者属性；家族业务实践；家族企业成长的挑战；卓越的组织绩效；内部或外部继任者的选择。
社会经济影响	创业创新	企业创业；未来领导的企业知觉；创新；创业冒险；家族资金与影响的支出；创业家族企业的建立与成长；创业决策；新创业机会；R&D 比率；跨代价值创造；竞争性改善。
	家族性和社会资本的转移	家族成员的教导；继承中前任的角色；国际化进程；家族企业网络背景下的企业间合作能力；社会化进程与模式；社会资本的转移与管理；持续涉入与知识转移；对下一代利益的投入。
	经济贡献	对各国 GDP 的影响；家族企业领域；家族企业比例；就业。
	监管的商业环境	国家制度机构；在敌对的环境中的生存策略；家族企业的普遍性；创业环境和政策。

第二章

PART 2

家族企业的家族关系

家族企业作为一种组织形式，独特之处是家族的介入、影响和相互作用，家族企业中的家族关系使家族企业区别于非家族企业。家族关系是把双刃剑，一方面可以提高家族能力，另一方面有时也会造成企业的负担。尽管家族企业是一种普遍的企业形式（La Porta. Shanker，1996），但研究领域相对年轻。在这一章中，将基于现有的研究基础，探索家族企业的家族关系，讨论各种类型的家族关系，理解家族企业中大多数冲突的根源，以及它如何影响家族企业，并聚焦于最优的家族关系以提升对成功家族企业的理解。

第一节　家族关系与家族企业定义

家族企业历史悠久，是最早出现的企业组织形式（Colli，2003），又是普遍的组织形式，把他们理解为一个独特的研究领域是必需的。一些企业家尽管开创了一项事业，但并没有将其作为家族企业的意图（Ward & Aronoff，1990），而有一些企业家意图明确，希望企业能在家族中代际传承，例如，家族企业创业时期，家族企业主会鼓励家族成员参与到企业的业务中并承担责任，以便使家族成员熟悉业务，为把业务推进到子孙后代做好准备。家族企业在行为和决策意图方面确实将家族企业与非家族企业区分开来。Rosplock（2012）将家族关系定义为家族成员和家族成员联系在一起的强烈的情感纽带和家族成员间复杂的相互作用。与家族关系有关的结果变量包括家族信任、家族和谐、家族冲突、满意度及家族企业特征。家族企业的研究人员在对家族关系评估方面已经取得了相当大的进展，这些进展有利于家族企业管理者找出那些使家族企业特殊而独特的特征。但因家族的错综复杂，使得家族定义也不是很明确（Astrachan & Shanker，2003），学者们仍需在此领域继续研究，以期在家族企业的定义方面取得更丰硕的成果。

没有一个广泛被接受和使用的家族企业定义，这个领域的知识将很难推进（Chrisman，Chua & Sharma，2003）。为什么学界如此看重家族企业的定义呢，如同一个标的物，如果我们是要比较同类企业，那么我们必须了解我们所研究的企业是否属于同一类别，而不是其他类别。因此，在过去的十年里，该领域的许多学者致力于评估、探讨家族企业的独特特征（Basco & Rodriquez，2009；Chittoor & Das，2007；Chua，Chirisman & Sharma，1999；Klein，Astrachan & Smyrnois，2005）。

对于如何界定家族企业，研究人员试图通过家族企业中许多不同的特征，将家族企业和非家族企业区别开来，如学者识别了家族企业的所有权和家族成员在管理角色中的参与，以此界定家族企业的标准（Handler，1989）。还有学者将企业是否有意图将企业在家族内代际传承作为判定标准（Barach & Ganitsky，1995；Birley，1986；Heck & Scannell Trent，1999；Ward，1988）。同时，还有研究人员关注了家族影响力，因为它涉及权力、经验、文化，以检测企业是不是家族企业（Klein et al.，2005），他们把权力界定为家族对企业业务的管理和控制，把经验定义为家族对企业的参与，文化则被定义为企业中的价值观和承诺。Chua 等（1999）在回顾了有关家族企业定义的 250 篇家族企业论文之后，提出了家族企业的理论定义，他们从所有权和管理权两个维度来识别，分为三种类型为：

a. 家族所有和家族管理

b. 家族拥有但不是家族管理

c. 家族管理但不属于家族所有

Chua 等（1999）认为一旦偏离了家族这个核心，那么对于如何界定家族企业存在相当大的分歧。而理解家族企业的愿景和经营家族企业的意图可能是界定家族企业的最好方法之一，即企业是否自我认定是家族企业？是否将企业在家族内代际传承？是否打算促进家族与股东、客户和企业的关系？家族企业在这几个方面显然与非家族企业不同。

家族认同也有助于定义一个家族企业，那些把自己定义为家族企业的企业，他们有很强的家族认同感，并且与他们的员工、顾客和供应商建立了很好的关系。对家族的自豪感、荣誉感和成就感可以转化为客户对家族企业更高层次的信任和忠诚、员工对家族企业的依恋。对于家族的认同是重要的，这使得家族企业的目标不仅仅是财务利润，因为家族与企业品牌息息相关。如福特汽车，因为他们的家族名字与企业相关联，家族表现出这种家族自豪感，他们只做对的事情，在发展中已超越了传统的期望和规范。

丰田汽车在公众眼里，品牌形象是高质量、高品质，不容易坏，定价合理，2009 年丰田汽车召回事件，对品牌是很大的打击，丰田家族成员出来向全世界消费者道歉，丰田章男在一次谈话中说："我是创始人的子孙，所有的丰田车都承继了我的家族姓氏。对我来说，车有损人亦有损。我的姓氏刻在每一辆车上。我以个人名义做出承诺，丰田会继续鼓足干劲，重新赢回顾客对我们的信任，并为之不断努力。"回放整个事件，汽车在品质上出了问题，是在职业经理人担任社长的那段时间，为了降低成本，追求市场占有率而牺牲了品质，错失在职业经理人上，从某种角度上来说，丰田家族也是受害者，但丰田章男出来道歉，根本原因在于丰田这个品牌，正如他自己所言，每辆丰田车上都刻着他家族的名字。

对家族的认同来自家族对正直、诚实和公平价值观的承诺，而不是金钱指引着企业的行动。2009 年丰田召回事件导致企业财报亏损 86 亿美元，这也是丰田近 60 年来第一次报损。家族认同只是家族企业众多特征中的一个，了解什么是家族企业的特征，对拥有企业的家族来说是重要的。该领域研究为更好地理解家族企业的本质提供了理论和实证基础。一旦界定了什么是家族企业，这一领域就有坚实的基础，可以进一步研究。从实践意义上讲，家族企业所有者将有更多的证据证明有效和无效的实践、机会和威胁，以帮助他们管理、开发和处理家族企业事务。

第二节　家族性

家族关系领域的研究标志着从继承和绩效研究扩散到对家族企业独特特征的研究。通过了解家族企业是如何定义的，他们独特的品质和特点，研究人员希望能发现新的见解，从而提高家族企业的业绩，这与后代的可持续经营息息相关。Hoffman 和 Sorenson 将家族企业的许多战略优势和独特属性与家族性概念联系起来。家族性是家族关系的显著特征，因此，占主导地位的家族集团对经营、拥有、管理和指导业务的方式有显著的影响，这与非家族企业不同。当家族关系不被重视或没有得到适当的培养时，这种影响可能是不利的，可能会造成家族性功能失调或家族冲突。当家族性没有得到管理时，其对家族的动力就会变坏，阻碍家族企业文化和绩效，从而导致员工和客户的流失。

Stafford，Duncan，Danes 和 Winter（1999）认为家族性是家族企业所共有的资源的存量和流量，包括人力、财务和社会资本。Habbershon 和 Williams（2002）认为家族性是家族在企业系统水平上的相互作用下产生的异质性的资源和能力。Chrisman，Chua 和 Litz（2003）也将家族性定义为家族参与企业，在互动中产生的资源和能力。Habbershan 等（2003）进一步将家族性定义为在家族和企业之间的协同交互创造的。值得注意的是，这种协同作用可能对家族企业产生积极或消极的影响

（Bjomberg & Nicholson，2007；Habbersho et al.，2003）。Habbershon 等（2003）认为家族性的独特特征之一家族的意图的设定是为了共同追求一种跨越几代人的愿景。

Danes，Lee，Stafford 和 Heck（2008）在提出的家族企业的可持续发展理论中提到家族企业的可持续性是企业能否成功地整合家族和企业系统。家族性是家族系统与企业系统的互动结果，是家族关系中重要的结果变量。学者们对于家族性的研究除了人力资本和财务资本外，还研究了包括智力资本在内的家族性。Hughes（2004）将人力资本定义为你是谁，你能为家族做出什么贡献，以及你所知道的知识资本。家族企业关注的焦点不仅仅是对当代的培养还会涉及对后代的培养，这种典型的耐心资本是独特的，对某些家族企业来说，是一种特殊的家族性。家族人口及其相关的资本，显示了家族企业经营方式的重要特征。在多代同堂的家族中，研究人员认为，家族企业运用他们的家族性，从而使他们具有更强的能力来应对家族冲突、环境挑战和竞争。

家族企业通常会考虑长期的目标，因为他们的股东主要是家族成员。随着企业的发展，耐心资本创造了家族世代之间的延续性和桥梁。懂得运用和培养家族性，使家族企业在困难时期能够更好地忍受和坚持下去，这种适应敌对环境的能力有助于实现长期的目标（Poza，Hanlon & Kishida，2004）。对一些家族企业来讲，家族品牌是家族的标志。对于那些将自己的事业视为家族企业并拥有强烈的家族品牌意识的人来说，在家族与家族企业形象之间建立了深层次的关系，如 Ward（1987）所描述的，在家族与家族品牌之间建立了共同的身份。

历史上，阿尔弗雷德·钱德勒（Alfred Chaler，1977）和马克斯·韦伯（Max Weber，1947）提倡在家族企业中管理资本主义，很少或根本没有股本的管理者负责经营企业，和资本家或是投资者一起做生意（Chandler，1990）。从那以后，研究人员发现，企业和家族的对接产生的家族性实际上是一种战略优势，可以让家族企业超越非家族企业

（Anderson，Mans & Reeb，2003；Miller & Le Breton – Miller，2006）。

家族性所涉及的家族资本、耐力资本、人力资本，家族品牌和家族认同是家族企业文献中较新的概念。在这些较新的研究领域，对家族性的测试还有大量的机会，特别是与实践相关联时。例如，家族企业中的家族如何在企业中培养和开发家族性？在多代家族企业中的耐力资本有哪些显著特征？家族人力资本如何在代际中培养和进行职业规划？对于这些问题的探索将有助于提高这些概念的实际应用价值。

第三节　消极的家族关系

相比积极的家族关系，消极的家族关系也比比皆是。经常提到的是家族关系功能障碍（Kellermanns & Eddleston，2006），以及家族企业关系失调（Danes，Leichtentritt，Metz & Huddleston – Casas，2000；Danes，Stafford & Loy，2007；Werbel & Danes，2010）。特别是，领导关系和所有权传承是家族企业负面家族关系研究的主要领域（Cater & Justis，2010；Lee，2006），裙带关系或对家族成员的偏袒是家族企业实践者和研究人员最常讨论的现象之一。在家族企业中本应具有特权的人实际上并没有获得这些特权，与家族存在裙带关系的人，却在企业中位于高位，但并不是出于他们的能力，而是靠他们的家族荣誉和与生俱来的权利。家族领导人为准备接班人提供专业化的指导和教育，然而，接班人可能能力不济或对做这份工作不感兴趣，这些都会造成工作场所的紧张气氛，尤其是在关键的非家族雇员和管理者因为面对裙带关系而感到沮丧，而对工作失去动力的情况下。

领导层换届的过程是许多家族企业关注的另一个领域（Winter，Danes，Koh，Fredricks & Paul，2003），这也是家族企业负面的家族关系研究中一个重要的焦点，因为家族企业若未能成功地管理其领导层接班人，会给企业带来显著的负面财务影响（Chua et al.，2003）。Gersick 等（1997）认为一代家族创造了财富，二代管理不当，使得第三代又重新开始创业重拾财富。Hughes（2004）指出这种现象是普遍存在的。在某些情况下，这个周期可能会受到家族关系的影响（Lambrecht & Lievens，2008）。Lambrecht 和 Lievens（2008）从研究中了解到，在家族企业中，重新整理家族关系，提高家族的和谐和连续性的主要的措施有：清除无贡献、无生产力家族成员，简化家族所有权、治理和管理结构。但遗憾的是家族关系的整理和简化没有得到广泛的研究。

在通常情况下，当一个家族不能有效地控制负面的家族关系时就会出现富不过三代的现象。家族企业的保守、任人唯亲、有限的资源、冲突，会使企业变得狭隘，使发展势头停滞（Miller，Le Breton - Miller & Scholnick，2008）。在一个关于加拿大家族和非家族企业的研究中，Miller 等（2008）发现，那些具有长寿和连续性的家族企业，更倾向于接受专业化管理，他们培养了企业与股东之间长期良好的关系。当涉及多代家族成员或兄弟姐妹时，家族关系会变得复杂，同胞竞争是一种典型现象，更多家族成员的进入，会成为潜在的竞争对手，使得竞争程度加剧，这时，家族企业主的一个主要问题是控制家族成员间的争斗，同时，继任计划的延迟或是继任计划的不明确，都会使家族关系恶化。

消极的家族关系还包括创始人与接任者之间的关系，这种障碍的出现是继任者和仍留在企业无权管理企业却维护着企业的控股权益的老臣之间的关系，在第一代家族企业主退居幕后，第二代接班人的业绩是否能超越第一代的业绩也成为研究者关注的一个热点问题，实践中，家族企业业主即使年事已高，也往往不甘退休让位，使得继承规划迟迟不能运作，由于对继任计划不准备、不计划和不实施而使企业处于危险之中。Mazzola，Marchisio 和 Astachan（2008）认为发展专业的家族成员是代际规划中关键的工具。Mazzola 等（2008）的研究表明，代际规划在做好后，可以减少不良的家族争斗，培养与下一代成员的关系，促进下一代的发展，从而增强家族业务连续性。家族关系是家族企业的核心。为了使家族企业能够蓬勃发展，揭开家族关系相关的问题和挑战，研究成功的异常值，即积极的偏差，对于家族企业驾驭和把握这些挑战，延续家族企业来说是至关重要的。

实践中，家族企业主需评估这些消极的家族关系，并加以干涉，如裙带关系和不足的继任计划，如何管理多代的家族关系，兄弟姐妹间的竞争，如何在在位者与继任者之间维持积极的关系，从而使企业将注意力集中于企业的长期成功和生存能力，若不能正视这些问题，企业不可避免地会出现衰败。

第四节　家族企业的冲突

家族企业的冲突威胁着家族企业的凝聚力。因此，一些学者认为家族企业冲突是一个增长最快的研究领域，这个领域需要更多的研究积累（Cosier & Harvey，1998；Sharma，2004；Ward & Aronoff，1994）。很多研究文献认为冲突会影响家族和企业的成功，但对冲突是如何发生的，在冲突发生之前如何减少冲突方面的研究不足。Van der Heyden 等（2005）认为公平的程序为家族的发展和持续生存建立了一个平台，这给股东传递了一个明确的信息，积极地强化了一个公平的系统，并做出遵守承诺，家族企业宪法为强有力的家族企业管理提供了基础（Van der Heyden et al.，2005）。因此，许多家族关系随着强有力的治理实践而增强。

避开冲突和实现在家族和跨代家族中创建和谐和凝聚力是大多数家族企业的目标，但是对大多数家族企业而言，这是一个相当大的挑战。研究者发现家族和谐在企业未来的成功中起着重要的作用（涂玉龙和陈春花，2016），其可以提升企业的整体绩效（Chrisman et al.，2003；

DeNoble，Ehrlich & Singh，2007；Dyer Jr.，2006）。关于这个发现的一个重要的注意事项是：业务必须建立在坚实的治理平台之上。Neubauer 和 Lank（1998）也讨论了家族和谐在企业治理方面的重要性。

一项关于南非、希腊家族企业的研究探讨了诸如家族和睦、信任、家族承诺、家族沟通和盈利能力等因素，以及他们如何影响家族企业治理，研究人员发现，尽管家族和睦并没有影响到人们认为的好的治理标准，但是它是通过家族承诺和沟通来实现盈利（Adendorff，Venter & Boshoff，2008）。研究人员揭示了盈利的家族企业受益于良好的沟通和家族成员的责任感。这一结论并不令人意外，因为当企业表现良好时，家族成员通常感到满意，冲突自然就会减少。Ensley 和 Pearson（2003）在家族和非家族企业高管团队的行为动力的背景下讨论了凝聚力，非家族高级管理团队管理的动态管理实际上比家族团队更好。非家族的高层管理团队表现出更高的凝聚力、共同的战略目标和较少的关系冲突发生率（Ensley & Pearson，2003）。相反，家族团队被证明拥有最多的关系冲突，研究者推断这是由于家族的社会和结构背景引起的（Amason & Sapienza，1997）。

Sorenson（1999）研究了家族企业中出现的独特类型的冲突和冲突管理策略，发现协作是家族企业中有效的冲突调解策略之一。实证研究还发现，在企业长期发展中，强势的政策与家族企业的繁荣之间存在着相关性（Aronoff，1998）。如果有明确的家族规则和家族规范，家族治理也可以减少家族冲突的发生，特别是实质性的冲突。

一系列的冲突研究表明了不同的研究视角，通过强有力的治理和目标定位可减少家族冲突，例如，加强沟通和信息共享促进了家族间的包容性，在家族成员之间通过加强协作的方式加强关系。通过确定共同的价值观，在不同代的家族中建立持续的关系，能够增强家族企业纽带的连续性和力量，减少家族企业的关系冲突。了解家族企业领域的冲突有助于识别和理解冲突的产生，并通过治理和目标定位等途径减轻冲突。

第五节　家族成员的承诺与满意度

家族企业中应尽可能减少冲突以建立家族企业的持续性和凝聚力。在家族企业环境中理解家族成员的承诺和满意度同样重要。家族成员的承诺和满意度是对成功的家族关系产生直接影响的关键因素。承诺是指家族企业的家族成员或员工对企业的奉献和忠诚。满意度指的是一个人参与或可能拥有该家族企业，对他或她的工作所拥有的满足、幸福的程度。虽然这两个概念是经常联系在一起的，但他们根据情境的不同有不同的内涵。从单维度的角度来研究是最普遍的研究，然而，它也可以被认为是多维度的，Sharma 和 Irving（2005）探索了家族企业继承人的承诺，确定了四种类型的承诺，分别是情感性承诺（Affective Commitment），规范性承诺（Normative Commitment），计算性承诺（Calculative Commitment）和必要性承诺（Imperative Commitment）。他们在研究中，定义了每一种承诺，如下所示：

情感性承诺是建立在对组织目标的强烈信念和接受的基础上的，并有对这些目标做出贡献的渴望，以及对自己能力的信心。从本质上说，这表明家族企业继任者想主动追求家族事业。

规范性承诺是建立在对家族的义务感的基础上，在企业继任者的职业发展中，继任者试图培养和保持与老一辈的良好关系。具有高水平的规范性承诺的继任者认为他们应该加入家族事业并为之奋斗。

计算性承诺是建立在继任者对重大机会成本的认知基础上的，如果他们不追求家族事业，则可能会失去家族地位或投资价值。具有计算承诺的继任者基于机会成本的考虑，认为他们必须追求家族事业。

必要性承诺是基于一种自我怀疑和不确定性的感觉，即自我评估成功地在家族企业之外追求事业的能力。拥有高水平必要性承诺的个体意识到，他们缺少在家族企业之外的替代选择，在这种情况下，他们潜意识认为必须追求家族企业事业。

Sharma 和 Irving（2005）说明了这些不同类型的继任者的承诺是如何引起家族成员进入企业的不同动机。了解潜在的继任者成功继任的前因，有助于揭示家族企业继任者的价值设定。Pieper，Klein 和 Jaskiewicz（2008）探讨了另一个类别的承诺，由社会规范驱动的正式的决策机构，阻止了更多的家族成员进入高层管理团队。目标一致性的缺乏可能表明家族成员对所有权承诺的水平较低，从而导致家族成员在高层管理团队中的人数较少。

除了继任者承诺的驱动和目标一致性的影响之外，研究人员还探讨了满意度对继任过程的影响。Sharma，Chrisman 和 Chua（2003）探讨了满意度对家族企业传承的影响，发现在这个过程中主要有两方面的满意度：继任过程的满意度和对高绩效的满意度，他们了解到继任过程中在位者和继任者之间的不同看法，在位者的退休计划和继任者的继任计划的完美结合增加了继任者的满意度。因此，Sharma 等（2003）探讨了继任过程中在位者和继任人之间可能发生的错误结合，在整个继任过程中迫切需要现任和继任者之间坦诚、公开的沟通。

一些研究探讨将承诺作为家族关系的一个面来研究（Lee & Maurer，1999；Sorenson，2000；Van der Heyden et al.，2005）。Sorensons（2000）探讨了家族企业领导类型对员工满意度和承诺的影响。一个值得注意的发现是，参与性的领导或包容性的领导风格，促进了中小家族企业变革的承诺（Sorenson，2000），反映了领导是这些成员对组织承诺的一个普遍接受的前提条件（Bass，1990）。Sorenson（2000）发现，放任型领导加上强烈的使命，创造了一个更高的员工承诺和满意度的环境。

承诺和满意度能够让员工在共同价值观和战略使命上自主地实现战略目标，使他们的工作表现出更高的参与性。承诺和满意度是广泛而多面的，承诺和满意度是一个家族企业可持续发展的两个积极因素。如果作为家族这个整体中的个体不能对企业表现出承诺或是满意，那么企业的寿命会受到威胁。

第六节 讨论与展望

当研究者界定家族企业的特征时，家族企业自身的认知很重要，如家族成员是否界定自己是一个家族企业？如果是，他们作为家族企业的战略愿景是什么（Chua et al.，1999）？家族在所有权、参与、管理和控制方面如何影响家族企业（Klein et al.，2005）？当家族认定他们的企业是一个家族企业时，他们也开始把家族企业的行为和功能具体运作起来。这种自我认知会引导一个家族考虑家族企业的家族关系的积极和消极的属性，哪些属性最有助于建立一代人到下一代人的连续性。哪些消极的家族关系要尽量避免。文献研究显示：

第一，当家族关系和谐相处，财务状况良好时，冲突少，家族成员满意度高。（Adendorff et al.，2008）。

第二，家族沟通促进家族成员之间的积极关系，建立凝聚力和鼓励参与决策和治理实践，是减少冲突的有效机制（Adendorff et al.，2008；Bjornberg & Nicholson，2007；Eddleston et al.，2008）。

第三，家族与冲突之间存在着联系，关系在多代中会呈现复杂性，家族成员在第一代、第二代或是多代之后，还有多个家族的加入，家族的冲突会渗入到企业中，使企业发展受阻。

总之，家族企业通过建立共同的价值观、加强沟通、协作治理，加强家族成员的承诺和满意度，从而减少冲突。与承诺和满意度有关的家族企业研究较为有限，是一个有待进一步研究的领域。家族关系是家族企业的一个关键点（Lee & Maurer，1999；Sorenson，2000；van der

Heyden et al. , 2005），有效地利用家族关系，可以增强家族长期维持业务的能力。

第一，家族企业管理者有必要了解是什么动机驱使这些接班人加入家族事业，是情感性承诺、规范性承诺、计算性承诺还是必要性承诺。了解家族成员从事家族事业的动机，可以明确接班人的自我价值设定，从而评估成功的传承前因。

第二，满意度和承诺的研究提供了洞察家族成员在家族企业发展中的参与程度。传承期的有效策略是在位领导人明确继任人选和继任规划的措施，这可以大大提高继承人满意度和承诺，为成功传承提供条件。家族企业应提高家族成员的承诺和满意度，这样可以更好地避免冲突和建立强而有力的家族关系纽带。

第三，家族企业管理者有必要检测家族企业的文化如何影响员工朝着与企业使命一致的目标而自主地工作。具有清晰家族企业文化的家族企业员工具有更高水平的承诺和履行他们的工作动力。

大量的家族企业的研究主要集中在与家族关系相关的负面特征与不良绩效上。这些负面特征包括裙带关系，手足相争，紧张的领导层换届，沟通不良或冲突。倘若家族能事先对冲突做出预期判断，在管理上先发制人，他们可以更好地解决这些家族企业的负面影响（Cater & Justics，2010；Chua et al. , 2003；Lee，2006）。冲突是家族企业研究领域发展最快的一个议题（Cosier Harvey，1998；Ward Aronoff，1994），实践的洞察可以了解产生冲突的本质，如冲突的类型、性质的差异或情境的因素。相比基于情感的冲突，任务冲突可能对家族企业不会产生坏的影响。家族企业要理解家族冲突的根本性质，寻找产生不同冲突的根源。家族企业研究者要考虑把更多的研究重点放在家族企业的负面家族关系和改善家族关系上（Gladwell，2008），打败富不过三的魔咒，使家族企业能多代传承（Gersick et al. , 1997），建立促使家族企业多代传承的家族关系，处理家族矛盾保持凝聚力，促进家族内的连续性和统一性。

成功的家族关系依赖于创建家族的规范和规则。鼓励家族成员参与企业，对家族事务具有包容性，这样才能保持家族的完整性。家族如何培养他们的家族性，拓展家族企业的经营，是一项有益研究。学者们应研究更多的案例，探寻积极的家族关系，为家族企业管理者提供指导。相应地，研究人员可通过家族企业典型案例，深入探讨隐性的家族关系，为家族企业的业主提供更广泛和具体的理论基础，创造家族企业的内部和谐和家族企业的增长机会。

一个真正成功的家族企业不是一个偶发事件或仅是财务绩效的测量。相反，它是连续几十年或几代人的积极的家族关系和几代家族成员与债权人、员工和管理人员等利益相关者之间的良好关系的维系。家族如何培养和维持他们的家族关系，促进家族成员的承诺和满意度，进行必要的自我管理和冲突策略等，无疑对巩固家族关系是必要的。更深入地研究这些方面可以更好地了解这些成功的家族企业的基本特征，增加家族企业管理者管理家族关系的知识和增强他们破除富不过三魔咒的洞察力。

第三章

PART 3

家族企业中的员工角色

家族企业中员工的角色讨论了家族企业成员和非家族企业成员的角色和态度，旨在了解不同家族成员和非家族成员在企业中所扮演的角色以及这些成员所持的家族经营态度。家族企业参与这个变量将家族企业研究与其他学科区分开来。家族参与家族企业活动很重要，但文献中对于家族成员所扮演的角色和态度的研究述及很少，这意味着家族企业的角色和态度的研究是分散的。这些重要课题的缺少可能是早期这方面的研究过于宽泛，且这一领域的知识的形成很大程度上是由实践推动的（Sharma，Hoy，Astrachan & Koiranen，2007），以自传或传记的形式出现，比如，在一些逸事观察和传记中详细记述了家族成员在家族企业生存方面发挥的影响和作用。但这些实践可能只适用于有限的家族企业情境，而不是严谨研究而产生的经验证据。

第一节　家族的定义

从家族企业中员工对家族和企业的态度相关的文献回顾中，发现大部分的研究成果依赖于经验和观察，这使得这方面的实证研究明显不足。家族企业员工角色的研究主题有：家族成员的业务参与及对企业的态度，非家族成员的业务参与及对家族企业的态度，为了理解这些的议题，必须从家族的定义开始。

在《家族企业评论》（FBR，*Family Business Review*）的创刊号上，Lansberg，Perrow，Rolgolsky 等编辑（1988）在“Family business as an emerging field”中宣布他们不会对“家族企业”这一术语做出特别的定义。他们的立场并不意味着定义是不重要的，而是承认情境的复杂性。为了理解什么是家族企业，必须首先了解家族是什么，接下来才是一个家族对企业的参与程度多少应该称为家族企业。这其中涉及：家族应该拥有多少所有权？必须有多少个家族成员在管理或在企业管理中发挥积极作用？多代参与家族成员的角色如何界定？正如第二章所讨论过的定义是至关重要的，学者和实践者都必须知道什么样的组织正在被研究，以确定研究的结果是否可能适用于其他同类组织。Lansberg 等（1988）鼓励研究人员以实证数据为基础进行研究，这将有助于界定这一新领域的研究界限和独特性。

自《家族企业评论》杂志成立30年以来，从文献中，我们可以看到在家族企业的定义方面取得了一些进展（Sharma，Chrisman & Gersick，2012），文献中出现了两种方法：强调参与和本质的方法（Chua，Chrisma & Sharma，1999）。强调参与的方法侧重于家族参与的范围和性质，在所有权、管理和治理三个方面，将家族企业与非家族企业区别开来。本质的方法侧重于理解家族企业的行为独特性，以区别于他们的非家族企业的同行。最常用的“本质”的家族企业定义是 Chua，Chrisman 和 Sharma（1999）提出的，家族企业是由同一家族成员或少数家族成员主导联盟所控制或拥有的企业，追求企业在家族或家族世代中的潜在的可持续性。“本质”的方法主张家族参与企业的独特行为，如追求家族控制的愿景，希望维持跨代经营的企业（Chua，Chrisman & Sharma，1999）。虽然如何定义家族企业的问题在文献中受到关注，但几乎没有关于家族定义的讨论（Sharma & Chrisman，2012）。即使在家族气氛或 F－PEC（权力、经验、文化）等尺度，目的也只是衡量普遍的家族对企业的影响，对家族的定义决定也留给了被调查者（Björnberg & Nicholson，2007）。大多数研究倾向于默认假设家族是一个同质的实体。家族中的一些重要的组成部分可能在研究中被忽略。

第二节 家族企业中的家族参与

研究人员普遍认为，家族参与企业将家族企业与非家族企业区分开来。多年来，这种观点一直存在，因为家族参与企业在概念和实践上区分了家族企业和非家族企业。例如 Shaker 和 Astrachan（1996）在研究家族企业对美国经济的影响程度时，他们将这些企业分为大、中、小三类。大类要求家族对企业有一定程度的有效控制，以便将企业保留在家族中；中间一类是由创办人或后代对有投票权的股票拥有合法控制权，并有一些家族参与企业的管理；在小类中，多代家族必须参与日常经营活动，至少一名家族成员必须承担重大的管理责任。

家族企业的概念确定了家族对企业所有权、管理和治理的参与，家族在企业中的参与有助于区分家族企业和非家族企业中内部的异质性。事实上，家族对所有权和管理的参与已经被用来解释与非家族企业不同的财务绩效，以及其他战略决策，如二元性战略。在一项对 620 家随机选择的意大利私营企业的研究中，Sciascia 和 Mazzola（2008）发现，若以家族成员持有的百分比或股权衡量，家族对所有权的控制平均为 63.22%。一些研究显示家族所有权对企业绩效没有影响，家族参与管理与企业绩效之间存在负的线性关系，也就是说，当家族参与管理程度越高，企业绩效就表现越低。家族经理的存在似乎并不能弥补非经济目标导向带来的不利因素，也不能解决家族与经理之间的冲突，需通过雇佣非家族经理人，弥补企业的社会和智力资本的限制，从而改善企业绩效。这些研究提示了在家族参与管理程度高的情况下，要特别注意对企业绩效产生的影响。

虽然 Sciascia 和 Mazzola（2008）的研究集中在私人控股企业，但也有一些研究探讨了家族参与企业管理如何影响上市家族企业的绩效。研究证实，家族参与企业管理与企业绩效的关系取决于所使用的家族企业的定义。Anderson 和 Reeb（2003）阐释了创始人在盈利能力、市场表现以及债务融资成本方面的积极作用，家族拥有所有权对企业绩效有积极影响，但家族管理对企业绩效的影响各不相同，这取决于 CEO 的不同身份，当创始人担任 CEO 时，企业的绩效高，而当后代担任 CEO 时，企业绩效会下降。家族成员担任 CEO 的企业表现不如非家族成员担任 CEO 的企业表现。

Stewart 和 Hitt（2012）研究了关于家族参与企业管理对企业财务绩效的影响。研究人员在一项对 2303 家不足 500 人的美国私营企业的研究中发现，大部分家族企业中家族成员担任了首席执行官和董事一角。然而另一项研究也表明当家族关系越复杂，家族与企业的重叠就越大，家族需求与企业需求之间产生冲突的可能性也越大，在这种情况下，首席执行官往往会增加董事会成员，以适应更多的家族参与治理，这也是管理复杂的家族企业问题的一种手段。家庭参与除了影响企业的业绩和治理决策外，还影响裁员等战略决策。在对美国最大的 500 家上市企业的研究中，Block（2010）发现，家族企业所有者股权的程度降低了企业裁员的可能性，家族经理不希望将裁员作为应对低盈利能力的措施。这些研究表明，家族所有者比其他所有者更关心他们的员工，避免裁员对员工带来伤害刺激。

通过实证研究发现，在研究家族参与企业，取得企业所有权和管理权时，家族制度被认为是一种同质的实体，但在探讨家族对企业的不同态度以及家族成员在企业和家族中可能扮演的不同的角色时，这种假设受到了挑战，未来的研究需要沿着三条路径展开：

（1）了解家族成员在企业参与中的产出，拓展家族成员对企业绩效产生影响的情境因素。

（2）识别和理解在不同家族企业生命周期中家族的参与程度和导致不同程度的家族影响的因果关系。

（3）在行为面上如何影响家族企业员工的态度，对家族、企业、和在家族和企业之间的互动中产生影响。

第三节　对家族企业的态度

组织行为学的研究人员倾向于将态度描述成一个相当稳定的评价和反应一致的特定目标。态度指个人对某一客体所持的评价与心理倾向。态度影响组织内的个人行为。价值观是一种广泛的倾向，并决定一个人认为好坏对错的信仰和标准，是决定态度的核心内容。人们的态度和行为在早期受到家族的影响（Stewart & Hitt，2010）。无论从局外人的角度来看，还是从家族成员或企业系统的内部人士的角度来看，对家族企业的态度的实证研究都是稀少的。

一、外人对家族企业的态度

尽管家族企业的历史悠久，但研究者、媒体甚至政府对这些企业的关注是相对较新的现象。早些时候对家族企业的研究集中在裙带关系上，假定这些企业在招聘和晋升上的决定很大程度上是基于血缘关系而不是能力。因此，家族企业研究人员专注于裙带关系是最早对家族企业态度的研究议题。发表在《哈佛商业评论》上的一篇报道，征求了2700家上市和私人企业的企业领导对裙带关系的看法，调查结果显示这个词并不是贬义的，受访者的观点提供了一个更中性的观点，即认为裙带关系有有利的一面也有弊端的一面。

优点有以下几点：

- 更强烈的公共责任感；
- 更好的适应性；
- 更多的家族利益；

- 当亲戚们得到重用，斗志会受到激励；
- 连续性的政策。

所识别的缺点如下：

- 非家族员工的嫉妒与怨恨；
- 非家族成员晋升通道的天花板效应；
- 不能像非家族员工那样客观性地进行绩效评估；
- 家族利益高于企业利益；
- 优秀人才流失。

大量的研究延续着这一观点展开，但在 Bellow（2004）的书中显示了一个例外，在《赞美裙带关系》中他指出，基于进化论，亲属关系已成为凝聚人类社会的黏合剂。随着时间的推移和社会裙带关系的深层历史回顾，血缘纽带和遗产继承盛行将可能继续塑造未来社会。案例研究显示，裙带关系既有其积极的影响，也有消极的影响。家族企业实证研究结果证实，裙带关系本身既没有负面的，也没有正面的。相反，它表明了家族参与企业的程度以及如何通过管理从而影响其他的利益相关者。

研究人员倾向于认为裙带关系涉及外人的态度，非家族经理人、员工如何看待家族成员，以及公平和公正的问题。然而，家族成员加入家族企业也可能出现自我认知的问题。亲属可能会受到自我形象和组织自尊的问题。一个人的组织自尊是在工作和组织中的经历中形成的，在决定员工的行为、工作态度和行为方面起着重要的作用，基于组织的自尊与工作满意度、组织承诺、动机、公民行为、角色表现和人员流动意图以及其他重要的组织相关的态度和行为相关。因此，除了了解局外人对家族的看法外，了解家族成员对家族企业的态度也是很重要的。

二、家族员工对家族企业的态度

关于家族员工对家族企业的态度的实证研究相当有限。家族企业的经典著作《保持家族企业健康》的作者 Ward（1997）指出，所有的家族都必须在家族和企业中做出基本的选择，以满足家族和企业两个系统的业务需求和竞争需求，这取决于家族或企业需求优先的决策。在 Ward（1987），Birley（2001，2002），Basco 和 Rodriguez（2009）的研究中，尽管选择的术语有一些差异，但三种思维方式似乎已经通过了时间的测试（1987—2009 年），并且在跨代和跨地理区域中被得到证实。家族企业可以被描述为三种类型的导向：家族第一，企业第一，或是家族企业同为第一。在这些类型中，研究者推测这些态度和家族参与企业之间的关系，Ward 认为家族第一取向的这些企业会将所有家族成员网罗进家族企业而不管他们的能力是否对企业产生贡献，企业所有权归属于家族成员。企业第一导向是只有在家族成员在企业就业的利益高于其成本时，家族企业才会雇佣家族成员，在这种情况下，所有权可以与非家族人员分享。家族和企业同为第一导致了家族和企业同等重要，企业中的这种定位可能会试图开发家族内部和企业相关机会，利用那些希望为企业做出贡献的家族成员的内在优势和为企业带来竞争优势的非家族成员，决定股利的分红或是投入新业务领域。

Birley（2009）的研究中使用了来自 16 个国家的 6631 家企业的大样本，在家族所有者管理的企业中，使用了家族内、家族外、家族人但不参与经营的分类来描述家族成员的三种态度，从而证实了 Ward（1987）之前的描述。在对 732 个西班牙中小型家族企业（50 ~ 500 名雇员）进行的一项研究中，Basco 和 Rodriguez（2009）发现 46% 的企业遵循家族和企业同为第一导向，强调了对家族和企业同样的关注，26% 的企业采用了企业第一导向，而另有 28% 的企业以家族为第一导向，对企业问题投入了有限的关注。此外，对家族和企业同样关注的家族表现出更好的家族绩效，而且这些企业与企业为导向的企业取得了同样好的企业绩效。这个研究证实了家族企业的不同导向对企业绩效产生不同的影响。

虽然组织行为研究人员认为态度引导行为是相当稳定的倾向，但不清楚何时以及态度如何变化（Johns & Saks，2005）。如过去几十年的美国，经历了重大的社会和人口变化，最明显的是随着更多的妇女获得更高的教育程度和参与劳动力，性别和出生顺序的不断变化的影响提高。有些家族企业比其他企业更善于利用这些变化的优势，如果这样的变化会带来积极反应，就会对家族或企业层面产生绩效影响。另一个研究方向旨在了解产生家族企业不同导向的原因，即了解影响家族企业中形成企业第一导向，家族第一导向，或是家族企业第一导向的优先秩序的因素。有一些理论著作认为家族结构和地区文化的作用可能会影响这种取向和相关的战略决策的制定（Sharma & Manikutty，2005），这方面需要更多的理论发展和实证研究，以了解影响家族企业特定取向形成的过程和因素。

家族对家族和企业的作用取向随着时间的推移保持其联系性。匡特家族揭示了创立者的态度对家族方面所起的关键作用（Salvato，Chirico & Sharma，2010）。1959 年匡特先生以 16 亿马克，解救了濒临倒闭的 BMW 汽车厂，他第一次以董事长的身份向全体股东及员工许诺，“我将付出所有的代价，生产世界最好的汽车！……”他出身德国小进出口商，在 50 年代建立了德国重建中很重要的化工生产仪器及特别化学原料企业 Altana AG，在 70 年代改组为 Varta。自匡特 30 年前买下 46.5% 的股份成为宝马（BMW）控股股东后，至今没有动过一张股票，总值累积至 176 亿马克，加上其他产业的投资，匡特家族如今的财产估计在 420 亿马克，约 1890 亿元人民币。匡特家族跌宕起伏的命运，成功跨越了两次世界大战，在商业上的杰出成就塑造了德国强大经济的基石。

匡特家族表现了对家族和企业明确的未来预期的能力。与精明的非家族高管密切合作，有助于改变家族成员的态度，改变业务流程。因此，在匡特家族四代之中，每一代人都与时俱进，以敏锐的视野引领着时代发展，以惊人的速度扩张企业。经过百余年发展，匡特家族已成为德国最富有的家族之一。在几代匡特人的努力下才拥有了如今庞大的经济帝国。鉴于态度的相对稳定的性质，如何在一段较长的时间内保持其完整性，家族企业的纵向研究很可能会提高在这方面的相关认识。在一个相对封闭的系统中发现保持态度持续性的因素，利于企业的生存和创造跨越几代人的繁荣。

第四节 家族和非家族成员的角色

自20世纪80年代初以来，研究人员和实践者一直对理解家族和非家族成员在家族企业混合身份系统中所扮演的角色的变化和复杂性感兴趣，这两个体系结合了家族和企业两个基本的系统机构。研究者和实践者用模型理解家族和非家族成员在企业中的各种角色。Sharma 和 Nordqvist（2008）提供了一种随着时间变化的不同模型的综述。Davis 的三环模型（1982）已得到广泛的认可，其中包括了家族成员、业主、经理人员。Gersick，Davis，Hampton 和 Lansberg（1997）认为三环模型之所以得到如此广泛的认可，是因为它精致的理论和很强的实用性。这对于理解家族冲突中的人际冲突、角色困境、优先事项和角色边界是很有用的，它界定了不同的角色和作用，有助于打破家族企业中复杂的相互作用，使人们更容易理解事项背后的本质及原因。

家族成员可能扮演的角色（在①~④区）：

①代表没有所有权和业务参与的家族成员；

②代表拥有所有权但不参与企业业务的家族成员，这类成员通过所有者和家族成员两重身份对企业产生影响；

③代表参与企业日常业务中，但不拥有所有权的家族成员；

④代表即拥有所有权又参与企业日常业务的家族成员。

非家族成员可能发挥的作用（在⑤~⑦区）：

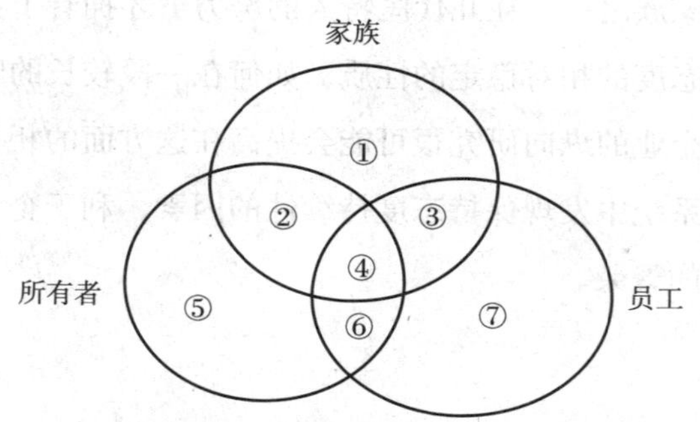

图二　家族和非家族成员在家族企业中可能扮演的角色（Davis，1982）

⑤代表只拥有所有权而不参与企业的非家族成员；

⑥代表即拥有所有权又参与企业工作的非家族成员，这类成员和家族无任何关系，只是作为一个外部参与者；

⑦代表仅作为企业员工而没有所有权的非家族成员。

多年来，研究人员和从业人员进一步修改了这一模式，通过增加轴线来捕捉三个系统随着时间的共同演化（Gersick et al.，1997），并通过测量所有权（权力）、管理（经验）和家族（文化）的家族影响的量表测量家族的影响（Klein et al.，2005）。模型不管多么好都只是对复杂现实的简化，这种模型也不例外，虽然它站在家族和非家族成员的某一个时间点可能发挥作用，但往往掩盖了位于七个领域内的异质性。研究人员现在已开始通过突出每个区域的细微差别和细微变化来捕捉这些异质性。

三环模型有助于对家族和非家族成员在商业中的作用的讨论。同样重要的是，这样的讨论有助于研究人员突出更多的利益相关者角色。在家族企业研究中，四个利益相关者的角色一直是研究关注的焦点。

现任领导人：讨论了创始人或领导人的后代，企业的创始人，以及在代际过程中现任领导人的角色作用。

下一代家族成员：讨论了下一代家族成员的角色如何在代际中变

化，为什么这些家族成员加入家族企业。

家族企业中的女性角色：讨论了家族企业中女性角色如何在过去的几十年里发生改变。

家族成员地位的差别：讨论了家族企业成员在家族中的地位和在企业中的位置。

关于三环中的员工圈的非家族雇员的研究是不足的，使得理解主要和次要、被动和主动、负责和不负责任的非家族成员的角色的知识是有限的。这些圆圈可以帮助实践者识别和评估不同利益相关者如何相互关联和相互影响，但没有多少研究来阐明每一圈中的角色复杂性，这意味着需要对这一方面进行更多的研究。

一、家族企业中的现任领导

领导一直是管理领域中研究关注的目标，是组织行为、战略和创业在内的管理学科的研究对象。这些研究主要集中在领导者的特点、领导的风格和对组织的效果等方面。但是，由于家族企业创始人或现任领导人任期之外存在潜在的连续性，家族企业的研究集中在影响领导更替的各种因素上，如家族企业创始人建立的企业文化，继任期间和之后的现任领导人的角色，家族企业创始人离任风格等。

通过对40多家家族企业的研究，Dyer Jr.（1988）确定了四种类型的第一代家族企业文化：家长式、放任式、参与式和专业式。这些文化不仅基于不同的人性假设、人际关系和环境，也提供了分析家族成员和非成员之间的关系框架，决定了一家企业的继任者是否能超越创始人。家长式文化是第一代家族中最常见的文化，权力和决策是现任领导的中心，其他参与该业务的家族和非家族成员基本遵从这位领导人的决策。当家族领导者处于等级制度的顶端时，家族与非家族成员相比，家族成员享有优惠待遇，而非家族企业员工不受信任，受到家族成员的密切监督。传承创始人的遗产是这类组织的主要目标。自由放任文化下的企业与那些家长式的企业类似，也有等级制度，对家族成员给予优惠待遇，家族企业员工可以选择实现家族设定的目标的方法。在对40家企业的研究中，发现只有4家是参与式文化。家族与非家族成员之间的关系更加平等，因为家族的权力被弱化了，创造参与环境是为了激发员工的才能。在家族企业专业式文化中，企业的所有权与管理权是分开的，虽然家族控制着所有权，但非家族管理人员拥有更多业务上的职责。

尽管文献没有阐述企业创始人或现任领导者在不同的文化中采用的不同角色，但可以从创始人建立的文化中找到线索，正如 Davis 和 Harveston（1999），Sonfield 和 Lussier（2004）在他们各自的研究中述及的一样，家族企业文化反映了家族企业的导向，家长式作风和自由放任文化反映了以家族为第一导向，专业文化反映了以企业为第一为导向，参与式文化反映了家族和企业同为第一导向。在实证研究中也发现了矛盾之处，有学者发现家族企业中以家族企业为导向的文化是最不常见的文化。而相反在另一些学者研究的样本中，相比其他集群类似的业务结果，家族企业导向的家族企业取得了更好的家族绩效。研究需要加深对企业中家族企业导向或是参与式文化形成的支持和阻碍发展因素的识别。而且，有些研究是在20多年前进行的，但是没有后续的研究来解释创始人建立的文化对之后家族和企业发展的影响，对于促进或是阻碍家族企业长寿的文化的作用问题需要家族企业现任领导人在实践中进一步检测。

二、家族企业领导离任时的角色

基于 Handler（1990）对32位家族企业的继任者的研究，显示在代际过程中，前任角色的变化由企业经营的主角变为企业的顾问，而接班人从经理助理的角色过渡到企业最高领导者，这很好描述了代际过程中角色的变化。对1155名家族企业主的调查显示，教育水平较高的领导者会选择部分退休，而不是完全退休。Cadieux（2007）对加拿大的5

家家族企业的探索性研究表明，家族企业前任在退位后或是与组织相关或是与继任者有关，前者可能是董事长、保卫者、中介人、技术支持、顾问角色，而与继任者的联系可能是导师、介绍人、动员者等。

关于家族企业领导离职风格的相关话题，Sonnenfeld 和 Spence（1989）基于几种不同的数据来源，确定了四种不同的领导的离任风格：君主、将军、大使和治理者。君主们最担心的是失去权力，不会自愿离职。将军们也只有在被迫下台的时候才下台，但在这方面他们愿意这样做，然而，当他们的继承人真的或是被认为能力不足时，他们会重新计划回归企业，并“拯救”企业。大使则会做一个优雅的退出者，作为顾问与企业保持联系，经常担任治理的角色。治理者们在企业会有一个任期界限，在任期结束后与企业保持一个清晰的界限与企业没有任何联系。所有这四种风格都能在家族企业中找到，前两者对下一代领导人来说更加普遍和麻烦。

对于家族企业最高领导人来说，最好的离任方式是大使，大使带领企业达到适度的增长水平，认识到退出的时间，并作为顾问与企业保持联系。Sharma，Chrisman 和 Chua（1997）注意到，虽然大使的离任风格看起来更好，但这还没有被实证证明。无论是否如此，现有的文献对如何说服即将离任的领导人，并遵循适当的离任风格方面的研究还很有限。

总体上，这项研究为即将离任的领导人提供了可能的类型角色。在继承过程中和之后可能需要采取更多的研究来确定这些发现的普遍性以及所采用的角色的影响因素，使即将离任的领导人的延迟退位的有害影响降到最低。

三、下一代家族成员的角色

在对下一代家族成员角色的研究中，Handler（1990）的研究结果显示了下一代家族成员从经理助理最终成为企业的最高领导者的过程，该企业的下一代家族成员的兼职参与企业活动有助于他们在企业中的社会化。然而，并不是所有的下一代成员都认为加入家族企业是他们的第一职业选择。有针对下一代家族成员的大学时期的研究表明，疲软的经济和恶劣的就业市场条件、个人需求和目标以及对企业机会成本的看法对家族下一代加入家族企业的决定有促进作用（Shepherd & Zacharakis，2000）。建立自信、效能感和发现兴趣的愿望促使家族下一代人在毕业后经历家族企业以外的工作（Handler，1990）。研究人员发现，与其他没有家族企业背景的孩子相比，家族企业的孩子对自己的职业认同、目标和兴趣没有那么清晰的认识。学者和实践者在他们的描述中一致认为，只有这些年轻人认识到自己的能力和目标时，这些年轻人加入家族企业，才能使他们自己、家族和企业受益（Stavrou & Swiercz，1998）。

下一代家族成员的承诺研究揭示了下一代家族成员决定加入家族企业的不同原因（Sharma & Irving，2005）。

- 情感性承诺基于强烈的身份认同和职业兴趣；
- 规范性承诺是基于对家族下一代与家族的义务和承诺；
- 计算性承诺基于个人害怕失去继承家族企业中的财富；
- 必要性承诺是基于无法找到替代就业能力的感知。

对加拿大和瑞士的199个企业的研究表明，当个人参加企业是基于情感性承诺和规范性承诺时，相比其他加入家族企业的理由，具有更低的离职意愿（Dawson，Sharma，Irving et al.，2015），尽管可以推断出基于情感性承诺很可能经历助理、经理和领导者角色，但仍需可靠地理解是否这些角色的变化是基于他们加入家族企业潜在的理由。

四、家族企业中的性别角色

自20世纪70年代Leon Danco的影响深远的著作面市以来，人们对家族中的性别角色以及性别有关的态度上发生了重大变化。他的著作《超越生存——企业主和他的家族指南》（1975）、《家族企业内部》

（1980）、《总有一天会成为现实：谁?》（1990）等其他著作把家族企业从阴影中解救出来，成为一种合法的企业形式。例如，《超越生存》（1975）书中，Danco识别了与家族企业利益相关者的典型角色，这些标签包括：

- 父亲：勤劳，秘密，权威；
- 妈妈：第一个员工，会计，保护儿子；
- 儿子：继承人，一般是长子；
- 女儿：继承股票，如果没有儿子，有能力的妇女（也许是她的丈夫）被考虑继承；
- 家族经理：长期服务于家族企业，对接班人不满；
- 贪婪的孩子：把父亲赶出去，孙儿当人质，再加上配偶；
- 儿子的妻子：基于丈夫的地位；
- 家族企业顾问：律师，会计师，银行家，基金代理人，巨大的影响力。

Danco的书卖得很好，多年来一直在重新印刷发行，并有了适当的更新，以反映不断变化的时代和观点。家族企业中女性角色的转变是突出的（Raphel & Raye，2009）。作者给出了三类女性角色：领导、老板、具有企业所有权的人。他们认为，虽然女性仍面临许多问题，但也有了新的选择。他们列出了在工作场中所反映的妇女问题：工资差别，需要证明自己，试图成为女强人，区分家族的不同需求和业务，出任企业领导时取得更大的社会接受。

《家族商业评论》（2009）中McCollom Hampton在一项对485家加拿大家族企业的研究中提出，现任领导人被要求评估在任命他们的继任者时要考虑的重要的因素。有趣的是，性别和出生顺序被列为两个最不重要的因素。诚信和对企业的承诺是两个最重要的属性。这项研究在印度也被验证了（Sharma & Rao，2000），研究人员也发现了类似的因素，通常长子是选定的继承人，而东西方在这一点的态度上已经发生了变化。家族企业越来越多地考虑能力和态度，而不是出生顺序。潜在的候选人可以来自整个家族的“人才库”，也可以来自家族之外。为了减少冲突，家族越来越多地为家族成员制定政策，作为更广泛的家族宪法或宪章的一部分，这些政策表明了对家族候选人的期望，进一步使得继承模式从“长子”到“最合格”转变。

女性一直以来都是家族企业的支柱，在很多方面都是如此，尽管她们的贡献在大多数时候都很难被看到甚至不被认可。社会的演变，以及家族企业领导和专业化管理，都有助于开启新的可能性，增加女性的可见度。研究人员发现，女性家族成员与其他家族经营者有着密切的联系，特别是与父母的关系。当一个家族高度重视目标设定并通过自主努力取得成功时，它加强了以女性为中心的创业活动。一项关于新加坡女企业家的研究报告中提到，家族环境鼓励了创造性思维和独立性。Jimenez（2009）在对1985年以来发表的48篇关于家族企业女性的研究成果进行全面回顾的基础上，总结了女性参与家族企业的障碍和机会：

障碍：

- 不可见
- 权力斗争
- 直接参与企业但不被承认
- 情感领导（首席情感官）
- 看守者、调停者、解决冲突者
- 很少被考虑担任领导职务的候选人
- 家族角色的期望

机会：

- 在家族企业的职业生涯
- 灵活的时间表
- 就业保障

- 个人成长
- 支持性环境
- 父亲是天生的良师益友
- 积极进取，不断发展的角色
- 经营或继承家族企业
- 与父母、兄弟姐妹和非家族成员的关系
- 明确的内部立场
- 对企业和家族的忠诚

从上面我们看到了家族企业中妇女的多重角色和相互冲突的角色期望（Poza & Messer，2001），冲突的诱因可以是家族和企业双向的，对于没有孩子的妇女来说，角色冲突的影响较小。Aldrich（1989）发现，男性和女性企业家的社会结构和社会期望各不相同，父母对男性比女性孩子的角色期望更大。在研究了男性和女性在家族企业中的角色后，Jimenez（2009）得出结论，男性或女性的价值或领导风格将完全融入家族生活。如果家族企业本身有一种植根于其工作习惯的男性规范，如具有积极进取或具有竞争性的内部文化，那么它可能为家族成员的全面参与企业，设置了意想不到的障碍，即对家族企业的人力和社会资本的充分利用的障碍。

五、家族企业中姻亲的角色

家族中另一类特殊的角色是姻亲的角色。一些企业被发现抵制姻亲成员的介入，实施禁止姻亲加入企业的政策（Hubler，1996）。与血缘亲属相似，姻亲成员的价值观和态度是由他们所抚养的家族决定的。他们自然会因在不同家族中长大而产生不同的价值观。姻亲成员的角色作用是家族企业真正的伙伴关系。针对家族企业主配偶角色的研究，Bieneman（1997）确定了6种可能在企业中扮演的角色：

（1）参与企业业务，但没有通常的规则；

（2）参与家族委员会，虽然有时他们被排斥，但应该是重要成员；

（3）董事会成员；

（4）拥有所有权和控制表决权；

（5）挑选继承人，虽然不能决定但会影响人选；

（6）组合角色，同时扮演配偶、父母或业务顾问的角色。

一些实践者发现姻亲成员对企业的发展是有价值的。Hubler（1996）指出在法律中，姻亲成员将积极的品质带入企业：

- 一种客观的态度；
- 使家族成员保持最佳行为的能力；
- 帮助配偶理解情感上的信息；
- 防止信息失真。

Hubler 提出了一项基本规则，姻亲成员被允许参加家族企业会议，他认为没有什么比二手信息更糟糕的了，尤其是来自一个情绪化的人。对这一点，Bieneman（1997）对姻亲角色进一步阐述：

- 公平对待；
- 谨慎沟通；
- 避免双重标准；
- 明确游戏规则；
- 情感包袱少；
- 人力资源；
- 平衡。

上面的描述主要是基于顾问的经验性见解，并倾向于将姻亲成员视为家族成员的同质类别。Santiago（2011）基于对 300 个家族成员的深入访谈，突出了“姻亲”类家族成员的异质性。Santigago（2011）观察到姻亲成员在家族企业中的不稳定作用，认为需要修改三环模型来反映这一作用。她通过在家族圈外加上一个圆来证明这一点，表明虽然有些姻亲成员可能永远不会完全融入家族，但有些姻亲成员可能会进入管理和所有权角色。此外，姻亲成员可能会根据他们在商业和婚姻中的表现以及其他关键的家族关系，在家族和管理层中出入。

作为家族企业的新成员，部分的姻亲可能在家族企业中获得地位。起初，他们可能会受到家族的欢迎，但他们在家族事务上只是一个试探性的位置。他们的关系力量是不够的，通过日后的工作和影响以赚得他们与家族成员相同的权利和相关的业务（Hoy & Sharma，2010）。此外，Santiago（2011）发现姻亲成员的父母、兄弟姐妹以及孩子的地位不同。姻亲成员中的子女更容易获得家族所有权的青睐。姻亲中最微妙的区别是姻亲成员的兄弟姐妹。家族企业中财务、人力资源和技术以及与之相关的能力的不足，决定了这些姻亲成员被吸纳到家族企业中来补充这些资源。这项研究的另一个有趣的发现是，对配偶的兄弟姐妹的信任度高于兄弟姐妹的配偶（Santiago，2011）。

姻亲成员在家族企业中角色的研究质疑了“家族”的广泛使用。尽管姻亲可能会被热情地接纳进家族，但他们往往不能马上被认为是家族的一部分。信任是随着时间的推移换来的，不是一种与生俱来的权利。然而，像所有类型的关系一样，信任也会丢失。有些家族宁愿不把这种关系考虑进来。如果一个家族企业能够独立运作，那么姻亲成员的参与实际上是不受欢迎的。正如一位受访者所说，雇佣一个陌生人比雇佣我的女婿要好。至少如果他不出业绩，我可以开除他。如果我雇佣的是我的女婿，不出业绩开除他，我可能会失去女儿对我的爱（Santiago，2011）。《福布斯》指出，受到中国计划生育政策的影响，女婿的力量正在崛起。这些研究明确了不同的家族企业对姻亲成员角色的不同政策的制定。

六、家族企业主配偶及儿女的角色

对现任领导、下一代、性别和姻亲方面的讨论主要与家族企业的直接参与有关。Rothausen 和 Sorenson（2011）提出，对企业和家族的关注应该更加平衡，学者应该研究家族的运作如何影响企业的价值。他们认为，夫妻双方都应该参与家族问题，避免因业务需求而导致配偶一方违约。这一观点得到了 McEnaney（2011）的直接经验证明。Danes，Staffor，Haynes 和 Smarapurkar（2009）提出，一个不积极工作的配偶，他们可能没有所有权，但应该承担起在家族中的角色。这项研究强调了家族如何在企业的发展中准备精神环境。

配偶在家族企业中持久地扮演着一个微妙而重要的角色，即培育和发展家族情感资本，换句话说，就是家族中的情感纽带。母亲和妻子们可能不是所有者，也没有被企业雇佣，但是，他们还是和家族企业领导者联系在一起。母亲和妻子扮演调解纷争的重要角色，尤其是父子之间产生矛盾时，配偶以不同的方式参与了家族企业情感资本的创造，她们支持她们的丈夫或儿子，承担着重要职能，为企业做出贡献，通过与不同利益相关者建立情感资本，促进家族凝聚力。

本书以中国上市企业的前十大股东、前十大流通股股东以及董事、监事、高级管理人员为标准，对家族企业关系角色进行了梳理。发现夫妻关系最多，达到了 209 家企业；紧接着的是兄弟关系、父女或母子关系，他们成为最主要的企业家族关系。在过去的几十年里，只有少数的女性在重要的商业岗位上露面，他们中的大多数来自家族企业。近年来女性在家族企业中的领导地位有了大幅度提升，越来越多的女性被任命为大企业的首席执行官。这个变化与社会变化的大趋势相关，尤其是对传统的继承模式的挑战。妇女在社会中可见性的变化，与个人主义的兴起和家族企业的“专业化”密切相关。

影响一个国家竞争力的最重要因素是它的人才——劳动力的技能、教育和生产力。女性在全世界潜在的人才基础中占了一半，随着时间的推移，一个国家的竞争力在很大程度上取决于它是否及如何教育和利用其女性人才。妇女和男子在经济参与和政治赋权方面的差距仍然很大。全球性别差距报告也证实了性别平等与各国发展水平之间的关系，从而支持了赋予妇女权利以更有效地利用国家的人类才能的理论。

事实上，潜在的继任者不再认为自己有义务在家族企业工作，而是寻求一种最符合他们抱负的职业。当家族企业的长子决定不加入家族企业时，这种追求个人成就的结果是为家族中年幼的儿子和女儿创造了继任的机会。

家族企业主配偶及儿女角色对企业的影响在日常生活中发生，随着时间的推移，影响着企业的活动。对于这些变化虽然已经引入了一些模型来解决问题（StaFafford，Duncan，Danes & Winer，1999），但在目前的知识体系中，很少有实证研究提供指导。

七、非家族成员管理者

生命周期模型主要是来自人类、生物学及技术和市场的各种研究的混合物。家族企业本质上是脆弱的，考虑到其是两个领域的混合（即家族和企业），如果同时要追求家族和企业的发展，那么专业人员的招聘以及上市的决定就不可避免的。特别是当技术和市场联合起来，成为拓展企业活动强有力的推动力时，家族企业必须向外部求助，如职业经理人，以弥补缺乏的资源和能力。非家族雇员和管理者对家族企业的成长至关重要。Dyer Jr.（1988）认为，非家族成员可以在家族和企业的生产力和满意度方面发挥重要作用。这些成员已被证实有助于使企业决策的讨论更具有客观性，提供家族企业成员不同的视角，有助于家族企业的专业化。因此，一些非家族成员管理者上升为家族企业最信任的顾问（Strike，2012）。

在欧洲，家族企业的作用通常比在美国更为重要。意大利和法国有着深厚的家族管理传统。但是，在欧洲，高层管理人员向职业化管理人的转移也在不断加快。向职业管理的过渡起源可以从英国家族经理的持续传统中找到，英国家族企业在过去几十年中的快速过渡，部分原因是英国家族管理者表现不佳和态度不佳，而这反过来又导致了专业化和能力发展计划的实施，如今，英国企业的职业化管理人员比例高于法国企业。

非家族成员的作用比家族成员要复杂得多。通过对美国家族企业中27个家族成员和非家族成员的访谈，研究者以期了解到导致非家族CEO成功的原因。Blumentritt，Keyt和Astrachan（2007）指出，虽然非家族成员被指派领导企业，但他们经常发现自己在管理、发展甚至解雇拥有该企业的家族的子女（Blumentritt et al.，2007）。因此，他们更需要企业管理能力和处理人际关系的能力。这一发现与Hall和Nordqvist（2008）的研究结果不谋而合。在对瑞典5家企业的96名家族成员和非家族成员进行深入访谈的基础上，Hall和Nordqvist（2008）发现，家族企业的专业化管理意味着深入了解家族企业业主对企业发展的主要目标和意义，并且在特定的家族企业中，非家族成员管理能够有效地利用相关的教育和经验。

在一些家族企业中，一些日常管理事务会被转移到外部人员手上，因为家族成员会集中精力通过董事会成员来控制企业，家族依旧保持让家族成员做管理总监或总裁的传统。家族通过家族成员担任主要职位保持对企业的控制，虽然独立子企业有非家族成员作为首席执行官的情况，但最高管理层的位置通常都会在亲近的家族成员中选出。另一种模型是总经理是家族成员，然后副总经理是外部人员。研究者认为，家族企业受益于职业的非家族成员和家族管理者的相互作用，即为家族企业发展出一种新的能力。Blumentritt等（2007）认为，尽管情感对于家族成员来说是重要的，但拥有强大的董事会是有帮助的。与姻亲成员的作用一样，非家族雇员也不是一个同质的类别。

这些角色是动态的，因为同一个人可能会随着时间的推移而经历不同的角色。曾在一家家族企业担任多年经理的非家族成员认为，他已经与家族建立了一种信誉，而当作为一名主管时，情况就不一样了。因此，非家族成员在企业中的作用是不同的、动态的和复杂的。如果他们认为有一个玻璃天花板限制了他们的发展，关键员工可能会失去热情。

企业雇佣和保留人员是基于其能力和技能。公平的准则是基于价值的。Barnett 和 Kellermanns（2006）认为，如果他们认为决策结果、决策过程和决策者是不公平公正的，非家族雇员的承诺和合作可能会变得困难，简言之，非家族员工对家族企业的成长和成功至关重要，他们在这类企业中的角色比在非家族企业中的角色更为复杂。除了具有高超的技术技能外，他们还必须意识到在家族企业中，对企业的态度和对家族的尊重。

第五节　讨论与展望

虽然研究者在研究家族企业中的非家族雇员方面已经取得了一些进展，但要理解非家族员工的异质性和他们的角色，未来仍需要更多的研究。正如上文所提到的，三环模型中最重要的方面是家族圈。研究人员和实践者研究并观察了现任领导人、下一代家族成员的作用、家族企业创始人的配偶及女儿以及姻亲的角色，然而，对于这些家族利益相关者，仍存在一些研究缺口，如家族企业创始人的祖父母或曾祖父母的作用几乎没得到关注。在现今的工作场域中，家族成员在家族和企业中的作用值得认真关注（Green，2011）。而没有受到研究关注的另一类家族成员是没有被指定为继承人的下一代的家族成员，他们虽不是指定的继承人，但也可能在家族和企业中发挥关键作用。在企业中，兄弟姐妹的参与需要通过研究来理解这些角色和变化。对于另外两个圆环，实证研究仅提供了这些利益相关者在家族企业中的复杂角色的初步研究，未来需要更深入的探讨。

为什么要知道家族企业利益相关者的角色和态度与企业的关系？一个显而易见的答案是，家族企业的成功表明，亲属关系带来的利益超过了其成本，需要补充的资源虽不一定与财务绩效直接相关，但他们可能通过团体凝聚力在企业中发挥作用，如情感资源（Stewart，2003）。与家族企业成功经营相关的优势包括财务资本、社会资本、较低的员工流动率、凝聚力和社会支持（Peredo，2003）。Peredo（2015）指出，在向企业主推荐一些管理行为和绩效管理时，需要考虑到是谁的利益，是家族还是企业的利益，他们是否只考虑了家族成员或家族。这些问题意味着，管理和评估家族企业研究结果情况的复杂性，谁应制订培训计划和设计激励系统，大多数研究是横向而不是纵向的，这可能导致结论会出现短期偏差。建议深入多代案例研究以便提供一个较长期的观点。依据目前的文献资料显示，有关家族企业的角色的结论如下：

- 家族包括一个家族中共同居住的数量、性别、出生的先后顺序，以及目前夫妻的法律地位等方面的变化。

- 家族参与企业事务和持有股权是区别家族企业与非家族企业的一个最重要因素。

- 三环模型有助于了解一个家族中的角色设定和角色期望。每一个利益相关者（即涉及企业的家族或非家族成员）可以在三环模型的七个领域中的一个领域发挥作用。

- 外界对家族企业的态度正在发生变化。虽然裙带关系有负面的含义，但随着人们对长寿家族企业认识的不断增加，裙带关系的积极方面也越来越明显。

- 基于对家族和企业的态度，家族企业大致可以分为三类：家族第一导向，企业第一导向以及家族和企业同为第一的导向。家族企业同为第一的导向兼顾了家族和企业的需求，在企业和家族层面上比其他导向的企业取得了更好的绩效。

- 识别了女性在家族中扮演的不同角色，或者不同的姻亲成员类型，以及对他们在家族企业中的角色进行区别。

- 现任领导人，特别是创始人，为他们的企业创造了独特的文化。

这种文化有很长时间的影响，而且会持续好几代人。

- 下一代家族成员加入他们的家族企业的动机可能不同。这些不同的动机对代际传承产生影响。
- 不是所有的姻亲成员都是一样的。在研究中已经发现了几类姻亲关系：儿媳、姐夫和岳父岳母。此外，每一种类型的姻亲成员都有更细微的区别。
- 非家族雇员在家族企业中起着至关重要的作用，但是这个角色是复杂的。

对于家族的角色与态度如何影响家族企业的成功，需要更多的研究来证明以下问题：

- 家族的构成正在发生变化。随着时间的推移，家族的组成和本质会发生变化吗？如果会，他们对家族企业有何影响？
- 是什么导致了不同程度的家族所有权与参与企业管理，以及他们对企业的管理产生什么样的影响？家族的角色与态度会随时间和地域的不同而变化吗？
- 如果家族企业的态度导致了家族和企业方面的高绩效，那么什么因素阻碍或支持家族企业领导人采取这种态度，并在随后的几代人中保持这种态度的连续性？
- 在三环模型的七个领域中，每一个领域的角色都有细微的差别。家族企业如何对这些不同区域的员工提出要求并加以管理，以提供对家族企业对不同角色的客观理解。
- 创始人或现任领导所开发的文化的本质是什么？①他们的离任风格。②下一代加入企业的动机。③家族和非家族成员在企业中扮演的角色。
- 在家族企业中，若姻亲成员被允许加入家族企业，为使姻亲成员与家族成员取得相似的绩效，家族应如何监控姻亲成员的行为和绩效呢？

- 什么因素使一个非家族员工在家族企业中取得成功？不同级别会有不同吗？

- 家族参与企业的关键是什么？家族对企业的态度、家族成员和非家族成员在企业中扮演的角色，随着时间的推移，这种角色扮演是否稳定？

以上提到的问题对研究人员或是家族企业管理人员都有警示作用。很多早期的文献都是由所有者或是企业顾问撰写的，他们的描述和观点反映了他们的视角，而不是科学的方法，未来需通过规范的实证研究来证实这些问题。

第四章

PART 4

家族企业的专业化管理

工业化、技术发展和大型企业的出现对管理产生了深远的影响。管理大型企业需要新的技能和新的方法，这导致了在各个层次和不同职位的专业人士的加入。W. Gibb Dyer（1989）认识到有三种特征可以影响家族企业的专业化管理：家族成员的利益化，现有员工的专业化，高管经理的职业化。在家族企业研究文献中，关于专业化管理的讨论往往集中于家族企业的治理。治理一词源自希腊语，意思是“引导”，家族企业治理还包括家族治理结构，对于家族企业来说，治理的目的是引导整个企业走向预期的结果，通常包括财务绩效和非财务绩效。家族企业治理对家族企业的短期和长期的目标均会产生影响。

第一节 家族治理结构

家族企业在这里被定义为家族对企业的拥有或控制。同时家族企业寻求短期和长期的业务的家族结果，表明企业和家族间的合作，以期获得家族企业所需达成的业务和家族结果。从治理的角度来看，决策包括选择不同的结果。在制定决策方法时，家族企业的所有者会做出两个基本的决定。第一个决定：家族企业业主是否打算在家族中保持企业的所有权和控制权；第二个决定：家族企业业主是否寻求将业务保留到家族的下一代。当家族企业主对这两个问题的回答是肯定时，那么他们的企业可以被视为多代家族企业，家族会对企业的战略决策等施以重要的影响，为维持长期的业务和企业在家族成员中传承做好准备。对一家中型西班牙家族企业的治理决策的研究表明，其在企业内部使用契约形式的治理，在家族内部，使用了一种关系形式的治理。关系治理措施对家族有显著的积极影响。

家族治理机构通常被定义为正式的家族会议、家族委员会和家族计划。这些家族治理机构与社会互动有积极的关系，反过来又与家族企业共同的愿景有积极的联系。共同的愿景与高质量的战略决策和对这些战略决策的承诺呈正相关。Mustakallio，Autio 和 Zahra（2002）的研究中显示了家族企业治理决策的本质，决策的参与者在家族和企业的治理中是不同的，董事会有助于整合家族和企业的决策。

在一项对中小家族企业的研究中，Perry 和 Ring（2013）询问家族企业主，谁是他们最信任的顾问，答案是家族成员，主要是所有者的配偶。答案并不意外，这是家族对社会情感关注的结果（Gomez - Mejia，Haynes，Nunez - Nickel，Jacobson & Moyano - Fuentes，2007）。Danes，Zuiker 和 Kean 等（1999）阐明了为什么配偶是一个值得信任的人。在小型家族企业中，人手有限，要通过家族成员身兼数值，来达到企业和家族的目标，需要家族成员的通力协作，所以家族企业业主会倾向于来自家族的意见。

在对 5500 个小型家族企业的研究中，Fiegener，Brown 和 Dreux 等（2000）发现家族成员加入董事会是家族企业继任的长期结果，这项研究揭示了将家族纳入治理决策对家族企业代际传承的重要性。而在一项对中等规模家族企业的研究中，Basco 等（2009）发现 26% 的企业强调业务结果、商业模式和增长，但不是家族的结果；还有 46% 的企业强调了企业和家族的双重结果，在强调企业目标的同时强调家族技能、家族和谐和家族机会，在这些企业中，家族企业的管理者会让更多的家族成员加入董事会，家族企业主更容易将家族视角融入治理决策中，在战略、人力资源和继承问题上，考虑了企业和家族的双重需求。强调业务结果和强调业务及家族的双重结果的业务结果是相似的。然而，在将家族成员纳入治理决策的企业中，家族的结果要好得多。

规模较小的家族企业通常没有正式的治理结构，这使得家族与企业间的关系弹性较大，易于协调。因此，家族企业主通过决策的过程来帮助企业和家族的结果相整合。在对中小家族企业的研究中，Sorenson 和 Stuart（2000）发现，当企业使用协作和参与式决策时，企业和家族的结果都明显优于其他决策方法。家族成果的衡量标准包括家族满意度、紧密的家族关系、社会的尊重和家族成员发展。协作是为了正确地理解问题而后彼此交换准确的信息来解决问题，把所有的顾虑都放到台面上，以开诚布公的方式解决问题。同样，在另一项对中小家族企业的研究中，Eddleston 和 Kellermanns（2007）发现，一个强调家族纽带的利他主义管理与参与式决策有显著正相关关系，而参与式决策与企业绩效呈显著的正相关关系。

那些致力于让自己的企业成为家族企业的所有者将家族利益相关者纳入治理结构，有助于整合家族长期的问题。研究表明，较小的家族企业主依赖于协作和参与式决策，这有利于企业和家族结果的显著增强。规模较大的家族企业主在业务经营中采用契约方式，家族内部采用一种关系管理方法来治理。

第二节　家族所有权及结构

家族企业所有权是指企业拥有、控制和决策的权利。家族企业的所有权性质与非家族企业所有权性质有显著差异。在上市企业中，股东只有一个共同的诉求，即投资回报率。相比之下，家族所有者拥有更多的共同价值观，因此，他们很容易达成一致，同意追求更广泛的结果。家族企业的所有者可能比公开交易的企业的股东更容易获得预期的结果。2013 年 2 月，全球 PC 行业排名第三的戴尔以 224 亿美元被私有化，迈克尔·戴尔通过私有化，买下易安信集团（EMC），拥有投资未来的自由，由PC业务向系统集成、服务器转型，由单纯的硬件向软件一体化转型。迈克尔·戴尔说，在私有化前，股东们对这一转型心存疑虑，而私有化后由戴尔自己说了算。因此，在一些家族企业中，即使他们的财务利润相对较低，家族所有者也可能非常满意，因为除了获得财务回报外，他们还寻求其他长期结果和家族结果。

研究人员已经探索了所有者在管理财务资源方面的作用，比如对企业进行再投资，将利润分配形式设定为股息，对个人物品抵押获取资金，监控为融资支付的利息。家族所有权方面的研究还讨论了家族所有权和控制之间的关系，以及研究了所有权的连续性、所有权的继承和下一代的所有制结构。

一、独资企业与家族企业的区别

一些观察家提出疑问，是否所有的独资企业都应该归为家族企业呢？例如，在一项研究中发现，47%的新创企业和52%的企业是由一个人拥有和管理的，这些独资企业都是家族企业吗（Sorenson，2013）？根据美国研究学者所言，家族企业的平均预期寿命是24年，这也是企业创始人的平均任期。家族企业主如果除了获得收入之外，还寻求其他家族和长期的结果，他们可能会寻求更多家族的投入。

研究表明，独资业主自己做出最多的决定。在一项针对加拿大中型企业的研究中，Feltham，Feltham和Barnett（2005）认为，75%的企业主认为他们的企业完全或高度依赖于重大的商业决策，57%的企业拥有两个或更少的关键管理人员，研究的企业中有62%没有选择继任者，也没有设计继任规划，这表明其缺乏对家族结果的长期关注。而了解独资企业主在长期经营中对企业的期望是重要的。例如，独资业主是否打算将自己的企业打造成一个多代家族企业，在企业的生命周期中进行决策或激励时是否评估了家族在企业治理决策中的影响程度。研究表明，与多代家族成员拥有的企业相比，独资企业主在业务经营时对家族的投入要少得多，几乎没有家族的影响，并不关心家族长期的结果。

评估家族影响力的方法除判断企业的所有者外，其他家族成员是否在业务中工作也是标准之一。例如评估配偶在企业中的影响程度。在寻求关于家族社会情感结果的建议时，有学者认为对于家族企业主而言，最值得信赖的顾问是配偶，配偶向所有者提供各种投入，包括对家族和企业的投入，配偶在参与业务谈判中很容易把重点转移到对家族的长期关注。

与独资企业相比，由多个家族成员拥有的企业显示出更多家族成员的投入，投入的程度和性质取决于所有者之间的关系动态（Fiegener，2010）。Danes 等（1999）发现当家族成员关系紧张度很高时，家族企业的企业目标或家族目标都无法实现。Miller，Le Breton – Miller 和 Lester（2011）利用上市企业的数据发现，独资企业寻求积极的增长型战略，而家族企业则寻求保守的增长战略，例如增加股息，降低财务杠杆，并减少对研究开发和广告的投入。Miller 等（2011）认为这些研究结果受不同的逻辑主导，家族所有者寻求更保守的策略，以维持长期的业务，独资企业通过增长型战略以获取短期可观的经济利益。在另一项针对小型私人企业的研究中也发现，与独资企业相比，家族企业在财务利益的分配上更强调长期业务发展，如对客户关系的投资（Miller，Le Breton – miller & Scholnick，2008）。

综上所述，独资型企业的经营是一种短视行为，追求的是股东利益最大化，而家族企业的经营往往会对长期目标更关注，业务经营也受到家族的影响，尤其是家族企业主配偶的影响。这些经营目标和经营方式显示出了独资企业与家族企业的不同。

二、家族所有权与控制

控制是指导、规范和影响家族企业的一种权威体现，家族通过所有权或股权影响对企业的控制。家族所有权表明了家族的欲望以及治理结构中高层团队和董事会的关系。例如一项针对英国 472 家私营企业的研究表明，与非家族企业的样本相比，家族企业股东持有的股票比例较高（Bammers，Voorderckers & van Gils 2011）。此外，家族企业出于避免控制权旁落，往往避免融资。Wu，Chua 和 Chrisman（2007）的一项针对加拿大中小企业的研究也表明，为了保持对企业的控制，家族企业不愿意通过股权形式融资，他们更喜欢通过私人融资。

家族控制的一个结果是，在制定管理决策时，家族所有者可以最大化他们倾向的结果。家业传承、社会经济或其他期望的家族结果可能比盈利能力更为重要。例如一项对 1854 家家族企业的研究揭示了家族互动、家族认同和承诺、对家族的满意度等家族目标的重要性高于销售增长的重要性。因为家族控制着企业，家族所有者可以决定他们追求的家族目标，包括再投资利润、最小化风险、家族成员就业、从事慈善事业和支持新创立的家族企业。

三、董事会

家族企业的所有者倾向于发展与其所有者相对应的董事会，董事会结构便于家族对企业管理上的控制和决策，实现各种绩效目标。例如，Voordeckers 等（2008）在对 211 家中小家族企业的研究中发现，当存在以下情况时，家族企业中很可能有家族董事会：①CEO 也是董事长，②家族企业中出现较多的二代成员，③家族企业高度重视家族目标，④企业专注于增长。而当存在以下目标时，家族企业更有可能拥有包括外部的董事会或顾问：①企业接近继任，②企业的重点是利润最大化，③企业在第三代及以后，④企业规模扩大。

Fiegener 等（2000）对美国超过 5500 家小型私营企业的研究发现，CEO 所有权的比例与企业的规模负相关，与增加家族成员进入董事会正相关，与减少外部董事人数正相关。虽然非家族的企业所有者可能会威胁家族对企业的业务控制。然而，非家族企业所有者董事也可能会增加价值而不会威胁家族控制。如更高比例的家族所有权与董事会规模负相关和独立董事的比例负相关，与家族成员董事比例正相关，这会减少非家族所有者对家族控制的威胁，而家族企业中增加更多的家族董事，增加了企业在家族内部代际传承的机会。

Bartholomeusz 和 Tanewski（2006）在对澳大利亚证券交易所上市企业的研究中发现，家族企业正在计划家族内部企业的继承，与非家族企业相比，家族企业中的家族所有权占有绝对的比例，家族董事担任董事会主席，家族成员担任董事的比例也较高，此外，往往家族企业 CEO 比非家族企业 CEO 得到较少的薪酬，家族企业可以从减少非家族持有股份中受益，因为董事会成员间的冲突和不理想的企业业绩相关。Arosa，Iturralde 和 Amaia（2010）在一项对西班牙非上市家族企业研究中发现，独立董事的只有在第一代中才能显著提高企业绩效，第二代及以后，关联董事拥有持久和既得利益，更熟悉业务，管理业绩提升显著。

越来越多人意识到独立董事的角色对于家族企业和非家族企业不同，Anderson 和 Reeb（2004）在对 500 家 S&P 企业的研究中发现，董事会的独立董事会改善家族企业绩效，然而，Klein，Astrachan和 Smyrnios（2005）在 263 个加拿大的企业样本中发现，独立董事的存在对企业绩效有负面影响。

家族拥有者希望在拥有的企业中保持决策控制，这种控制使家族能够获得预期的结果，包括社会情感、家族长期的结果。当独立董事不属于所有者时，当家族所有者追求家族特有的结果时，家族企业董事会冲突会不可避免，因此规模较小的家族企业往往将家族成员纳入董事会，并改变董事会成员身份，以避免为实现家族目标而发生董事会冲突。对于第二代及以后的家族企业，有证据表明关联董事对企业绩效会产生正向影响。

四、治理结构

治理结构是指由个人和机构组成的正式和非正式的合作机构，主要用于指导家族企业的决策。由于集中的所有权和家族业主参与治理，家族企业的治理结构显著区别于非家族企业（Martin – Reyna & Duran – Encalada，2012）。家族企业的独特之处在于其家族在治理中的包容与融通。这对当前和潜在的家族所有者都可能有影响。最初，独资家族企业由创始业主管理，家族治理的影响最有可能来自配偶。在其他小企业中，多个家族成员可能在企业中有财务利益（Miller et al.，2008）。随着企业的发展和家族人数的增加，正式家族企业治理结构形成，如家族委员会或家族会议。Astrachan 和 kolenko（1994）发现家族会议与家族企业的跨代生存有着显著的相关性。对于规模较大且资历老的家族企业来说，治理结构可能会变得相当复杂，比如横跨企业中多个复杂系统，服务于众多的目标人群、利益相关者和支持者。为了家族企业的繁荣，家族企业必须建立一套清晰的基础结构来管理员工、企业和顾客。随着一个家族传承到下一代，它已经成为一个复杂的结构，会出现几个家族分支，不同的利益和利益相关者，以及面临协同和有效性的挑战。

家族企业治理包括家族参与企业所有权、管理和董事会。家族企业中存在多种所有制结构，按企业核心成员构成，可分为四种类型：一是父子型。又分为子承父业型和父子合作型。前者指父辈完成或基本完成创业，子辈经过精心培养和严格训练后继承家族事业；后者指父亲与儿子分工明确共同创业和发展。二是兄弟型。主要指兄弟携手从共同决策到各持一块分权经营成就家族事业。三是夫妻型。即在夫妻共同浇灌和精心培育下，企业得以起步和发展。四是核心混合型。企业的家族成员中既有血缘关系又有亲缘关系，既有父兄辈又有子女辈，既有夫妻、亲戚又有同学、朋友，以一个或少数几个家族成员为核心，其他成员参与经营管理。这些企业创始人在治理中发挥的作用不同，不同类型的所有权结构在代理成本方面有所不同（Corbetta & Salvato，2004）。代理成本发生在非业主经理的管理中，需要资源来监控非家族企业经理或与非家族所有者协调业务方向，以确保他们的行为是为家族企业的最大利益服务。

在大多数小型家族企业中，家族成员在董事会和高层管理部门任职，这降低了代理成本，因为成员之间很容易相互理解，并能做出符合家族价值观的企业决定。大型家族企业家族治理因机构增加也增加了交易成本。交易成本指在家族和企业之间形成和维持协议、交换信息所需的成本。当更多的家族成员和多代的家族成员参与到企业管理治理中，家族会议会被建立和发展，以帮助增加家族成员间所需的沟通（Ling & Kellermanns，2010）。

家族企业主认为家族成员参与企业管理有助于企业获得所需的长期家族目标（Corbetta & Salvato，2004）。家族企业治理机构为家族提供了一个共同的目的、结构和社会互动的机制，有助于维持家族关系（Mustakallio et al.，2002）。家族参与家族企业治理结构有助于家族成员理解共同的使命，巩固家族企业文化，增加家族的认同和家族成员的团结（Banalieva & Eddleston，2011）。研究表明家族控制的企业往往管理更具有弹性，而不是拘于结构（Davis，Allen & Hayes，2010），以及对长期家族结果的关注（Zahra，2008），而不仅仅是短期利润。

为了充分评估治理对长期家族结果的影响，研究人员需要采取不同形式的家族治理措施。对于单一的家族所有者，简单的治理结构就可以解决企业和家族的问题，对于多个家族拥有所有权的中小家族企业而言，最常见的结构是家族所有者会议和家族企业董事会，最复杂的结构在大型的家族企业，涉及更多的家族成员参与企业管理，包括家族会议、家族办公室、家族董事会等多种形式。

五、家族网络

网络是指个体或实体之间的相互联系。这些网络可以帮助家族企业的领导者和家族企业的所有者建立一致性行为。Anderson，Jack 和 Dodd（2005）指出，家族成员与家族企业有三种网络关系：①家族成员与家族企业没有任何社会关系；②参与家族企业；③没有加入家族企业，但与家族保持社会关系。家族成员通过正式的聚会和非正式的沟通交流，增强彼此情感。沟通能够维持家族的文化信仰、价值观和规范，并有助于在家族和企业之间建立和维持一致的价值观（Sorenson，2011）。网络中的家族成员可能成为未来企业的所有者。

Anderson 等（2005）的研究表明，没有参与家族企业的家族成员构成了一个家族企业大约 1/4 的外部网络联系，当信任的关系存在时，家族成员可以提供专业知识、观点、联系、业务支持、信息和解决问题的方法。方太厨具创始人茅理翔在点火枪项目创业时，通过短短 5 年时间成为全世界销售第一的企业，但因技术含量低，当时企业的塑料外协厂突然进入下游，与茅理翔展开了面对面竞争，茅理翔之女茅雪飞与女婿放弃了原有工作，创办了塑料加工厂，帮助茅理翔渡过难关（茅理翔，2008）。正如 Anderson 等所言，外部家族联系可以提供家族企业发展所必需资源，而不需要管理与其他家族成员潜在的负面关系的风险。外部联系可能通过搭建社会网络与亲人联系来增加收益（Karra，Tracey & Phillips，2006）。家族网络为家族企业提供了潜在的有价值的资源。建立和培养家族网络有助于为家族企业发展提供支持。

六、非家族成员网络

非家族成员外部网络的业务是家族企业生存和增长的重要因素。Craig 和 Moores（2006）在对澳大利亚家族企业的纵向研究中发现，企业之间的联系，及时的业务相关信息的交换促进了创新，特别是对早期企业而言。另一项对立陶宛家族企业的研究表明，家族企业在培育社会网络以获得当地政府、客户和供应商的支持，并利用家族网络获取人力和财力资源（Dyer & Mortensen，2005），以支持它们在恶劣的环境中生存。此外，研究人员发现，对家族之外最受家族企业主信任的家族之外顾问是会计师，其次是律师和商业伙伴。家族所有者受益于与客户建立协作网络（Sorenson，Folker & Brigham，2008）以及其他外部利益相关者，如行业协会（Hatum & Pettigrew，2004）。家族成员与员工、客户建立协作关系的中小家族企业改善了企业绩效（Sorenson et al.，2008）。

家族企业可以从与非家族成员搭建的网络中受益，Hatum 和 Pettigreu（2004）发现，家族企业在跨代经营中通过招聘高层管理人员带来新的想法，与客户和供应商保持良好的人际关系，依靠行业协会的指导。网络是治理的重要组成部分。非家族成员网络也是家族企业治理的重要组成部分，与家族网络一起，对家族企业生存和成长发挥重要作用。

七、家族企业文化

同每个人都有各自的个性一样，每个企业也都有各自的特点，它是一套共享的价值观、信念，以及管理人们日常行为的规范。价值观是组织对产品质量、客户服务等方面所持的态度。信念是企业员工所秉持的有关他们个人的设想和有关企业整体的设想。规范是非书面化的规则，指导人们日常的互动和行为。家族企业文化的价值观和规范被认为是家族企业专业化管理的重要组成部分。研究人员发现，家族企业文化与非家族企业文化有着明显的不同，家族企业文化更能提高绩效（Aronof，2004；Denison et al.，2004）。发展一种共同的文化有助于家族和企业目标统一。

1. 使命感

家族和企业是非常不同的社会机构。企业的目的是提供一种产品或服务，为企业所有者和雇员提供收入。家族的目的是培养、支持、发展和维持家族成员。企业上的关系往往是暂时的和契约的，而家族中的关系往往是持久的和个人的。企业和家族通过使命感实现共同的目标。

在对民营中小企业的研究中发现，使命感有助于提高家族企业业绩，Alavi 和 Karami（2009）发现当员工参与企业的使命陈述时，企业的绩效会明显更好。一项关于全球高级经理所使用的最佳管理实践的研究表明，正式的使命宣言与企业的战略是一致。外界常以为家族大股东是企业的麻烦制造者，因为他们无法包容董事会有任何异议，但事实上，欧洲顶尖家族企业的家族成员自己就扮演强有力的独立董事角色，严格防范任何导致类似弊案的发生。这些家族成员都有守护家族的使命感。持有宝马企业（BMW）47% 股权的匡特家族，两名第四代子女都是董事会成员，而且被其定义为创业家股东，其将持股视为长期投资。他们在 90 年代末期的并购风潮中，坚持不出售所持股份。BMW 有今天的成功，除了归功于专业化的管理，匡特家族的使命感功不可没。

已传至第六代，超过 140 年历史的塔塔集团，旗下共有 31 家上市企业，足迹遍布 80 多个国家。塔塔集团所生产的产品和服务共销往超过 85 个国家，从诞生之日起塔塔集团及其成员企业就有着清晰的使命：为社会大众谋福祉。塔塔集团在始终坚持使命方面是独一无二，其他的一些大企业也为社会大众谋福祉，但它们的根本着眼点仍在于创造经济利益，只有利润达到了一定的水平才会考虑回报社会。

2. 价值观

价值观实际上是行动的原则。旨在建立或修改价值观的家族企业必须对价值观是什么、它们内部存在的秩序以及如何发展和传播价值观具有明确性。当家族文化与企业文化相适应时，家族和企业两个系统很可能会发现在实现共同目标上更容易。价值观和早期社会化通常都是由父母双方共同承担的，不管他们是否在企业工作，他们将慷慨、谦逊和忠诚视为家族企业的价值观，这些价值观通常是在最初的生活中从家里传播出去的。家族企业文化的发展和传播不仅仅支撑家族企业的长期性还可以支持家族成员创办新企业，这也是家族企业可持续性发展的另一条途径（Steier，2009）。

已传到第三代的香港李锦记，在1985年前后，第二代成员李文达为李锦记确认了“思利及人”的核心价值观，此后始终不渝地在企业内部推行这一理念。思利及人就是：换位思考、关注对方感受、直升机思维。在近30年来，李锦记始终把弘扬中华优秀饮食和养生文化，造福社会，作为企业的责任和奋斗目标。事实上，一些研究人员提出，判断一个企业是否是家族企业的一个方法是衡量家族和企业价值之间的相似性（Astrachan，Klein & Smyrnios，2002）。家族倾向于强调维持人际关系的道德价值观，如正直、负责任、宽容（Rokeach，1973）。企业往往会强调能力价值，例如雄心勃勃、有能力的、合乎逻辑、专注于成就（Sorenson，2013）。Koiranen（2002）发现，100岁的芬兰家族企业强调“诚实”的道德价值，“遵守法律”和“质量”的能力价值。

Payne，Brigham，Broberg，Moss和Short（2011）认为价值观在家族和非家族企业之间存在区别，例如与非家族企业相比，家族企业更多地提到了“移情”“温暖”和“热情”。Sorenson（2013）指出，家族价值观可能会以以下方式嵌入到企业中：多个家族成员在企业中工作（Dyer，1986）；家族和企业有共同的故事、象征和英雄（Parada & Viladas，2010）；创始人提倡企业的家族价值（Schein 1983）；拥有家族创造的愿景。家族企业会组织各种活动，这些活动可能包括在《家族宪章》或《家族宪法》中，以表彰和庆祝创始人或创立家族的价值观的实现（Shepard，2011）。家族和企业有相似的价值观时，他们对企业会更有认同感并表现出对企业较高的承诺（Mahto et al.，2010）。

通过对家族价值观的深入了解和表达，通过分享家族的企业历史、核心价值观和家族创始人的里程碑式故事，将自己与下一代联系起来。家族企业的核心价值观根植于这些故事中。Hughes（2007）讨论了一个家族企业中的家族如何演变成为一个亲密的家族，不仅仅是血缘关系，而是由共同的价值观、历史和保持企业世代相传的愿望联系在一起的。创始人对企业的价值观有深刻的影响，他们从坚忍到冒险到辛勤工作，再到照顾家族和家族企业的员工，家族企业的核心价值观大多是与这些创始人息息相关的。

3. *以顾客为导向*

以顾客为导向是指企业以满足顾客需求、增加顾客价值为企业经营出发点，重视顾客的消费能力、消费偏好以及消费行为，重视产品开发和创新，动态地适应和满足顾客需求。顾客至上，在现今社会进步的情形下，许多消费者都有这样的认知，也因为如此，产生了许多消费纠纷，有时只是立场的不同，消费端与提供者产生许多的对抗。以顾客为导向的服务，从结果面来看，就是让顾客在经过企业的整个服务过程后，达到满意，并且愿意跟亲朋好友介绍，再次购买服务。如果一个企业提供的产品或服务的需求枯竭，没有更新自己以提供市场所需的新选项，它将被淘汰。在经济迅猛发展的今天，随着市场经济的日益完善、市场竞争日趋激烈，企业在营销中将面临诸如新产品开发、产品推出速度加快、产品生命周期更短、顾客选择的机会更多、同行业间竞争压力更大等问题，以顾客导向为导向即是为了创造价值满足顾客的需要并去努力进行价值创新活动，开发顾客需要的真正产品。

企业如何看待自己的顾客，以及员工对顾客的看法都很重要，这影响企业如何运营，从而影响企业的成功。一些家族企业在制定和向员工传达它们关于顾客价值观方面效率很高。如迪士尼（Disney）的员工将他们的顾客看成“宾客”，这个经过精心挑选的词汇向迪士尼员工传达了企业以顾客为导向的信息，从而对员工与顾客的互动方式产生影响，事实上，是训练员工让来游玩的顾客有宾至如归的感觉，这个做法的目标是提高顾客满意度，迪士尼希望鼓励他们日后再次光顾乐园。福维克于1883年创始于德国乌伯塔尔，在企业130多年的历程中，从创立伊始时的一家地毯工厂一直发展成了一个涵盖诸多业务领域，并且在全球各地拥有分支机构的大型跨国集团。但是福维克至今仍是一个纯粹的家族企业，始终秉承顾客需求导向，致力追求为顾客提供一流服务。在企业内部也抱着积极的工作精神，来满足最高的要求。为了企业的进一步发展，且为了保障未来投资项目的成功，力求持续不断的盈利，必须让顾客对福维克有信心，才能实现这些目标。

4. 以创新为导向

对于任何企业来说，创新不仅是市场竞争的武器，也为其提供了生存和发展的机会，风行一时的创新成果并不能保证企业的成功，而只是为企业提供了成功的机会。紧随其后的应该是从循序渐进到大规模的一系列的创新活动。家族企业在其发展中必须支持必要的改革，才能带领企业走向未来。当需要改变企业的流程、产品、组织结构时，有的家族企业会继续按老一套做事，直到他的企业开始丢失市场份额。企业要可持续性发展就必须要不断维持创新的能力，通常家业长青的“百年老店”，都是因为企业本身能够维持不断创新的特质。企业本身需要形成鼓励创新的企业文化与尊重专业的组织制度，愿意长期投资培养核心能力，才能为永续经营奠定基础。

德国著名的家族企业费斯托（FESTO）始于1925年，一开始是一家毫不起眼的木工器械厂，如今已是22.8亿欧元市值的国际知名工业自动化和工业培训企业。作为世界著名的创新型、成长迅速型企业，费斯托的拥有者Stoll家族以长远发展的眼光，坚持对新产品、新技术的研发投入，以非凡的激情致力于技术创新。随着企业业务增长，企业由纯粹的家族性管理向专业化管理转变，但始终不变的是对创新的执着，不断创新是家族企业的基石。费斯托企业每年诞生上百个创新产品，7%的营业额投资于新产品与新技术的研究开发，拥有2900项世界级专利产品，一系列仿生学成果享誉全球。产品组合延伸、高增长的市场开发、内部创新文化、与合作伙伴共享创新成果帮助提升客户生产力，是费斯托企业一贯追寻的可持续发展之路。

塔塔集团历史悠久，是印度国内最为知名和受人尊敬的企业之一，在扩张与国际化发展的进程中，塔塔集团一直处于剧烈的变革中心，塔塔集团创建了印度第一个目标钢铁基地，创建了印度第一家航空企业，第一家软件服务企业，生产了全球最便宜的小型车（Nano），是全球最具创新性的50家企业之一。塔塔集团通过不断创新增强企业竞争力，出色的创新工作使企业迅速地超越其竞争对手，最终影响整个行业的发展方向。

5. 社会责任

进入21世纪，企业想要创造被社会认同的价值，除了要为股东及投资大众赚取合理利润，依法纳税，落实环保，还要热心慈善公益及担负社会责任与遵守企业伦理，这样更能得到社会大众的支持和认可。家族企业为保持良好社会形象，利于其长期发展与传承，会倾向于更好地履行企业社会责任。由于企业社会责任的实行一般会在短期内增加企业的支出，从而减少企业的利润，对企业的经营活动产生较大的压力，因而不同的家族企业在规模上可能会有很大的差异。大型企业拥有丰富的资源，在对社会责任的重要性认知以及落实企业社会责任实行状况上表现会优于小型家族企业。

从长期来看，企业承担社会责任会促进企业更加融洽地处理与各种利益相关者之间的关系。Formdrum 和 Shanley（1990）发现企业承担社会责任能增强品牌地位和声誉。Graafland（2002）从对荷兰家族企业的实证研究中发现，家族企业的长期附加价值与企业社会责任行为之间存在显著的正相关关系，家族企业比非家族企业更关心社会责任；为保持良好社会形象，家族企业倾向于更好地履行社会责任（Godfrey，2005）。国际长寿企业研究专家、日本学者后藤俊夫把持续存活200年以上的企业称作长寿企业，其研究表明，长寿企业的特征中有四条都涉及了企业的社会责任。

强调对环境、消费者、对社会的责任，并不意味着冻结自然进化和生态进程等生态系统，而是尽力避免灾难性后果的发生。在社会资源整合和优化配置时，其关注的核心是企业如何与社会主体相互合作创造更多价值增量，使得企业与社会之间共赢。香港李锦记传承的成功，就在于它超越了传统家族企业传承的基因，把承担社会责任放在家族责任与家族企业的责任之上。正如其传人李惠森所说，一些成熟的家族企业应通过不断累积企业自身的道德资本，积极参与公益事业，比如教育、扶贫与发展医疗卫生、环保等，为消费者和社会树立标杆，提高正面形象和影响力，这将对社会产生不可估量的影响。印度塔塔集团的特别之处在于社会服务，无论在哪里运营，塔塔集团内的组织都关心当地的发展，关心当地的社会诉求，并积极探索自己应当做什么来满足这些社会诉求。这不仅给当地社会带来价值和希望，也为股东、员工和商业伙伴创造出更好的经济效益。瑞士宜家创始人坎普拉德始终把追逐利润的商业动机同永恒的人类社会理想结合在一起，他先后设立了多种公益基金，力所能及地帮助儿童和其他需要帮助的人们，建立了以他母亲的名字命名的癌症研究基金会，每到圣诞节的时候，宜家企业总部的员工们都会向这家基金会捐款。

Dyer Jr. 和 Whetten（2006）通过比较在标准普尔500指数10年间的家族企业与非家族企业的社会绩效，初步比较了家族企业与非家族企业的社会责任的程度，他们认为家族企业在一些方面更有动机表现出社会责任，如维持家族形象和声誉、保护家族资产等。Miller（2008）研究了家族企业对所在社区的责任，主要表现在对社区的财务支持上。

从企业自身的生存与发展来考虑，家族企业应在社会中树立良好的企业形象，提高承担企业社会责任意识，既不逃避企业社会责任，也要尽可能地多承担企业社会责任，并从经济和组织形式上具体落实企业的社会责任。当出现以下情况时，家族和企业更有可能合作取得预期的结果：①当家族成员对家族使命、目标和价值观很清楚；②当董事会制定的业务战略、使命、目标和价值观，是兼容家族的；③家族信仰、价值观和实践与企业发展是兼容的。换句话说，家族和企业更有可能在共享的文化中相互认同，并对重要的目标保持一致性。

家族企业文化应随时间的变化而变化，因为一方面来自家族成员的代际传承会使家族企业文化发生变化，另一方面外界环境的变化，也会促使文化变化以支持家族企业的成长。家族企业在管理家族企业文化时需对文化进行检测，主要包括：评估与分析当前的文化。检测它目前对企业的影响是什么；考虑组织的当前发展阶段，决定应具备什么样的文化；找出企业当前文化与应该具备的文化之前的差距制定一份文化管理计划，并对文化的管理执行监测；在实施一段时间后要监测文化方面的改变。必须对文化进行持续的管理，以决定必须强化或是削弱哪些企业文化因素，确保家族企业文化能支持家族的目标与企业的运营。同时，家族企业文化需要被传达并持续强化，因为随着家族企业的持续发展，新进入的家族成员需要理解文化是什么及代表了什么。

八、人力资源管理

工业发展最显著的特点之一是管理人员教育水平的提高。企业的发展需要有新技能的管理人员。在现代职业社会，正规教育将提高管理者的地位，家族企业的第二代人通常接受了更好的教育。家族企业的所有者意识到，他们的继承人必须接受适当的教育，才能管理家族企业并使他们的地位合法化。这一发展也促使家族企业思考如何教育他们的继承人。人力资源管理研究包含了员工招聘程序和规则及发展、管理和保留相关的员工。人力资源政策有助于确定对家族成员的就业期望和指导方针、职业发展、适当的工资和福利以及绩效评估。人力资源政策和实施对家族企业专业化管理很重要，尤其是雇用家族成员时。从家族治理的角度来看，人力资源管理的实践包括：参与的公平程序，开发下一代的人力资本，避免可能因家族成员延长任期而出现的发展停滞。

家族所有权的一个潜在资源优势是家族人力资本，这是家族给企业带来的竞争资源（Danes，Stafford，Haynes & Amarapurkar，2009；Sirmon & Hitt，2003；Sorenson & Bierman，2009）。家族往往有独特的默契能力，这些默契关系是含蓄的，很难复制，可以跨代传递。一些学者认为，由于家族所有者的控制，家族企业能够更好地解决困扰非家族企业的人力资源问题。例如，家族成员既要承担企业中的工作职责，又要承担家庭业务。当家族成员必须照顾家族需求时，会限制家族员工的工作要求，需在相应的岗位上安置非家族员工，从而避免家族成员在工作和家庭之间的冲突（Mcenaney，2011）。

然而，家族企业也面临着人力资源挑战。Lanberg（1983）总结了在企业和家族机构重叠时出现的人力资源问题，包括员工甄选、薪酬、评估、培训和发展方面的紧张关系。家族关系会对家族企业的人力资源实践产生负面影响。研究人员（Gomez – MeJia et al.，2001）通过对276份家族企业文献的研究后提出，当低绩效的非家族高管被家族企业解雇时，家族企业绩效会有显著的积极改善，而家族成员担任首席执行官的业绩却很少被评估。企业中虽有一套人力资源政策，通常是家族企业主所制定的正式治理政策，但在实际执行时，家族企业主对企业中需要聘用和留任的资格具有最终权力。

在企业内部，许多家族企业主使用家族规范来进行人力资源管理（Lvforeslvlula，2000），强调共同的价值观和信念，形成对可接受行为的深层共识，促进对社会规定行为的高度承诺，随着时间的推移，员工在预期的行为上变得社会化，就像他们和一个家族一起生活一样。当组织变得更大和更复杂时，采用标准化的人力资源做法。同样，Lotey 和 Folker（2007）的研究也发现几乎所有的小型家族企业都倾向于依赖非正式培训。但是，随着他们的成长，会采用更正式、更系统和更注重发展的培训。

Astrach 和 Kolenko（1994）以大型家族企业正式的人力资源实践为研究对象，探讨人力资源实践与企业成功的关系，他们在评估了 6 种人力资源实践后发现，雇员审查、薪酬计划、雇员政策手册和工作说明书的使用频率大大高于对家族成员的书面继任计划或进入企业的要求，这些人力资源实践与企业总收入呈正相关关系。并且，他们认为，企业所有者的教育水平和人力资源实践呈正相关关系，正式的人力资源实践与企业的寿命有关。

家族所有制与企业的结合创造了人力资源的优势，通过系统地传授管理知识，加速了家族企业成员管理者的养成，“做中学”将前人的经验加以分析归纳，形成可以客观存在的外显知识，并经由个人的学习吸收过程，转化成为主观存在的内隐知识。与非家族企业相比，家族企业更易于隐性知识的转移，家族企业的所有者更能避免诸如工作和家族冲突等问题。此外，在小型家族企业中，人力资源往往通过非正式的方式管理，利用家族的影响力来使员工社会化。在更大的家族企业中，更正式和规范的人力资源政策和实践被使用，有证据表明，正式的人力资源实践与企业的寿命呈正相关性。

第三节　讨论和展望

家族或企业系统和短期或是长期时间维度构成了家族企业潜在而广泛的结果。家族的背景和利益可能会影响他们寻求这些结果的程度。决策过程中涉及所追求企业和家族目标的程度，以及长期和短期的独特性。集中的家族所有权和对企业的控制增加了企业价值观与家族价值观达成的一致性。家族企业文化通常被认为是家族企业的典型特征（Astrachan et al.，2002），他们对短期和长期的企业和家族成果可能产生影响。因此，研究人员需更明确地探究家族企业文化中的价值观是如何在家族和企业中形成的，以及它们是如何代代相传的。

我国家族企业的企业治理机制是在过去二十年间日趋完善的，但影响中国大陆家族企业治理效率的一些关键安排仍不理想，如决策权与经营权、主要投资者与主要管理者的身份均呈现出高度的二合一态势。治理结构作为专业化管理的重要元素，包括家族委员会、家族会议、股东会议等，我国家族企业采用的专业化家族治理结构还很少，如果能理解家族企业治理中家族在治理结构中的角色，就能更好地理解治理结构。此外，随着家族企业中家族数量的不断增加，家族企业也面临着如何保持团结、信任和承诺的挑战。

家族企业文化的制定为家族企业提供了方向（Alavi & Karami，2009；Bart，Bontis & Taggar，2001）。小的家族企业可能更注重盈利和增长，而随着家族企业规模的扩大，更多的家族成员参与到企业决策中来，这会提高对家族结果的关注和重视程度。Hall，Melin 和 Nordqvist（2001）研究发现，随着企业的成熟，家族企业需要带来创业精神和改变的文化。家族企业文化在家族企业发展中需创造一种氛围，让员工们感受到鼓舞，真实地表达他们的想法和意见，从而完善家族企业的管理制度。

家族企业主要考虑如何更好地将家族成员纳入治理决策中，如果家族最关心的是业务增长并且利润最大化，这会促使家族企业吸纳非家族成员和业务专家来进行指导和决策。这样可以帮助家族企业超越传统，在市场中实施更多的专业实践。如果家族企业主希望家族成员做好准备成为未来的所有者和领导者，他可能会在董事会中安排更多的家族成员。家族董事会成员化解家族企业在追求家族目标时董事会可能发生的冲突。家族成员可以制定人力资源政策，设计潜在的家族成员角色和对家族成员进行职业生涯规划，促进家族成员对业务的理解和兴趣。此外，非家族成员可以为家族企业发展提供帮助，提供客观的观点和对继承候选人进行外部评价。

为了准备继承，家族企业所有者需要寻求最佳的代际实践，可以从同行或是外部专家那里寻求专业化的管理建议，如果有多个孩子成为继承候选人，可以让他们共同参与制定治理决策。如果只有一个孩子成为继承候选人，可以建立一个财产计划和决策政策，以保证决策的全面性。此外，可以为家族后代提供适当的工作机会，尽早开始下一代的教育。

总的来说，家族企业主想让他们的家族企业成为一个多代的家族企业，他们就必须进行专业化管理，建立一个完善的治理结构，让家族企业主和潜在的继承候选人为未来做好准备。一方面他们可以组织家族会议对家族成员的人力资源进行开发，对关键人员进行投资，并授予他们决策权（Zahra，2005），培养潜在的继承候选人。另一方面，也可邀请继承候选人参加企业会议，或者让他们参与到企业的事务中来。在家族企业中，家族成员拥有所有权，因此他们是最终的决策者，家族企业创始人构建家族企业文化和人力资源政策，以帮助指导决策。他们建立的决策结构，包括董事会、会计师、律师和企业顾问等。使得家族企业在寻求短期的经营成果中还能追求家族的长期结果。

第五章

PART 5

家族企业的战略

环境的动态性特点是不可预知的，推陈出新的技术，客户的偏好和需求使现有产品和服务过时，为了尽量减少过时的威胁，企业需要更大范围内的搜索信息，更努力地监测成本、竞争对手、企业能力和部署渠道，使企业能够与客户需求以及经济环境的变化保持同步，从而满足现有市场和新兴市场的要求，为企业赢得持久的竞争优势。

要成功地适应快速变化和不确定的外部环境，家族企业迫切需要彻底重塑自己。每个家族企业都需要找到方法来应对动态环境在家族层面和企业层面的影响以赢得市场地位。家族企业需清楚地知道他们如何不同，以及如何将自己与竞争对手区分开来，否则他们将被超越。家族企业管理者必须制定和执行一个适用于企业产品和市场环境的战略规划和目标，以便厘清他们的战略是如何影响每一个竞争要素的，不断调整战略，进行战略创新以激发新的业务模式和创新方式为企业创造价值，这是最终的可持续竞争优势。对于家族企业的战略研究，有利于家族企业生存和应对未来的挑战。

第一节　竞争战略

竞争战略代表了企业为了配置自身，部署其资源和能力以应对竞争对手或新进入者而做出的选择。战略创新意味着运用战略展望来想象未来，从而创造一个新市场或破坏既有市场。可以采取新的产品或服务类别，或从根本上改变心理模型或竞争规则或是商业模式的形式。管理者需谨慎地设计和执行竞争战略，以使他们的企业在成功的同时参与战略创新，为将来的竞争打下基础。

重新审查竞争战略框架：

以下框架强调了竞争战略的五个关键组成部分：

- 顾客
- 竞争对手
- 渠道
- 成本结构
- 企业能力

成功的企业能精心地调节这些组件之间的相互关系，以部署竞争性框架，利用其优势更好地满足客户需求。

1. 客户

客户在各个维度上有所不同，包括地理、人口、心理和行为，这些决定了他们不同的需求和偏好，而且客户在企业的潜在盈利能力方面也各不相同。为了取得成功，企业必须按照适合其业务的方式细分市场，然后选择最有效和最有利可图的关键部分。一旦确定了这些细分，企业就应该定位其产品以满足这些客户的需求，从而提高竞争能力。这不是一个固定的目标，管理人员必须密切注意并持续监督和采取相应行动。客户细分的需求在不断发展，它们相对于新兴细分市场的盈利能力也在不断发展。

2. 竞争对手

企业必须敏锐地观察其竞争对手和他们的产品，以便更好地服务于他们所选择的客户群。事实上，竞争是企业运营的关键因素，在开发和探索自己的差异化产品时必须考虑到这一点。考虑到竞争的动态性，企业应该根据特定产品市场的关键成功因素，不断评估自己与竞争对手之间的关系。许多企业面临的一个众所周知的挑战是需要迅速地适应威胁其地位的快速、持续的变化。然而总会有一些精明的家族企业绕过传统的直接竞争，提供一些完全不同的新的战略创新进入大众市场。

3. 渠道

作为战略过程的一部分，分析渠道选择和选项至关重要。但大多数家族企业往往忽视这点，如是否指定独家经销商或推动分销。这种决定不应仅仅由产品或服务的特性决定。相反，这些是必须在经过许多讨论和审议之后所做出的高度战略选择。分销通常在增强产品性能和在最终用户市场中保持强大的市场地位方面发挥显著的作用。所有行业的企业都面临着越来越高的销售成本，家族企业也不例外。客户对直接销售的制造商提出高需求，迫使企业重新考虑传统渠道的使用和设计。

4. 成本结构

了解企业的成本结构是非常重要的。成本直接关系到规模和盈利。很多家族企业降低成本的方式只是单纯依靠增加产量，片面地认为只要能把产量做大，单位产品成本就会降低，认为规模越大即是越好。这些理念导致了家族企业广泛的纵向整合，并且不断地实现企业大规模和营销大规模，具有强大的数量导向，但却导致了高成本负担。

5. 企业能力

家族企业管理者必须仔细检查家族企业的能力，并评估其与竞争性市场需求的一致性。企业的能力是许多相互关联因素的产物，包括家族人力资源、家族企业文化、家族历史、家族制度和社会资本等。企业应该仔细研究特定的市场动态，以确定需要哪些能力，以及企业应该在多大程度上拥有这些能力。一些能力是隐性的，如社会资本，虽可以通过教育培训实现，但问题是，为赶上快速变化的市场步伐，这些隐性能力是否能在合理的时间框架内取得。

因此基于以上要素的分析，形成了三种竞争战略：

- 成本领先战略

Porter（1980）的低成本领先战略集中于成本控制，以便成为相对于其他竞争者的最低成本生产商。它节约了成本，扩大了经济规模和减少了支出，在产品上有效创新，使得成本领先，在价格上领先。与成本领先的总体目标相应的管理是企业必须强制成本。成本领先战略，集中于成本，通过规模经济和减少产品创新的开支和广告投入，从而做到价格领先。为了成功，企业的总体目标将企业的关注点放在控制成本和达到产品规模经济上。企业的竞争基础是卓越运营的基础，要求企业在战略、商业模式、技术、组织能力以及人力资源能力上能保持一致性（Ghoshal，2003）。成本控制战略和限制研发费用也是许多家族企业获取竞争优势的途径（Carney，2005）。

- 差异化战略

差异化战略强调产品或服务的独特性，这需要在产品上进行开发创新或进行新技术的应用。如方便、多功能、独具一格的技术服务等。战略取决于有效的营销、质量、创造力、强大的形象和良好的声誉。差异化战略利用其区别于其他产品的特性建立顾客的忠诚度，并为产品设置了一个竞争壁垒，从而使他们可以收取高于平均的价格。差异化是创新企业的关键。这样的企业通常处在变革的前沿，让对手捉摸不透。Craig和Moores（2006）在对澳大利亚的家族企业的一项研究中发现，早期的家族企业通过频繁的创新产品参与市场竞争，采用差异化战略，推出不同于竞争对手的新产品与相应的技术支持服务取得竞争优势。

- 集中战略

集中战略的使用建议集中在一个狭窄的领域，例如有限的客户群或者特定的地理区域。集中战略的本质是对特定市场利基的开发。在针对性的细分市场中试图获得成本优势或通过差异化的产品/服务取得竞争优势。McDougall和Robinson（1990）发现企业在追求利基市场的集中战略时，企业专注于不同的方式，包括小的市场区域、有限的新市场、小规模的订单量和狭窄的产品线，通过一心一意地专注于一种产品或服务，提供集中战略的企业有能力获取高于平均水平的回报。家族企业的研究人员已经确定，聚集于细分市场或利基市场的集中战略可以为家族企业创造竞争优势。

第二节 国际化战略

全球市场的国际化机遇促使越来越多的家族企业参与国际贸易。在过去的几十年里，国际化已经成为一种趋势，被认为是大型企业的重要特征（Harveston，Kedia & Davis，2000）。很明显，国际化战略也是家族企业成功的重要组成部分。国际化在家族企业的战略规划中扮演着越来越重要的角色。家族企业参与了国外直接投资、合资，战略联盟和外包等国际项目。

在大多数情况下，国际化战略中业务模型必须适应本地环境，了解业务模型的哪些元素可以更改，哪些不能更改是至关重要的。以下动机促使家族企业参与国际化战略：

- 为了扩大潜在市场的规模，日益增长的国际贸易市场提供了有利的机遇。
- 为了达到经营规模，扩大生产或降低经营成本。
- 为了延长产品的生命周期，当国内市场趋于饱和或产品已在本国成熟时，销售和增长潜力可能在其他国际市场出现。
- 为了优化地理位置，优化制造场地或仓储地址，减少与汇率和政治不稳定相关的风险。

家族企业为达到这些目标，除了外包和离岸外包（将价值创造活动转移到国外），企业还可以通过出口、许可、特许经营、战略联盟、合资企业和全资子企业形式参与国际化战略。为了取得成功，国际活动通常要求企业在国内市场上成功地部署资源和有发展战略的能力。此外，从事国际业务往往会减少对业务的控制，这是许多家族企业不愿意接受的条件。研究发现，与非家族企业相比，家族企业的国际化程度相对较低（Zahra，2003）。最近一项对西班牙家族企业进行的研究发现，家族所有权与跨国化之间存在着负相关关系（Fernández & Nieto，2005）。一项对澳大利亚家族企业的研究表明，与非家族企业相比，在国际市场上有效竞争所需的管理能力在家族企业中缺乏（Graves & Thomas，2006）。

总体而言，家族企业的国际化对于企业的发展会产生更高的利益（Okoroafo，1999），在对海外创业的研究中，Tsang（2002）发现，中国家族企业通常比非家族企业更严格地控制管理和战略决策。此外，信息技术和互联网行业的家族企业更容易国际化。Fernandez 和 Nieto（2005）的研究表明，家族企业后代的存在与国际化参与程度有关。尽管家族后代对国际化战略的作用不确定，但有研究显示，多代经营的家族企业更可能从事国际业务（Zahra，2003）。随着全球化的步伐加快，无论规模大小，家族企业都有必要参与到国际化中。国际化是一个可行的策略，提供了不同的优势资源。家族企业可以采用出口、特许经营、战略联盟、合资企业和全资子企业的国际化战略，以满足家族企业开发新产品、新市场和提高资源配置效率的需求。

第三节　创业战略

创业战略指的是企业用来制定其组织目标、维持其愿景和创造竞争优势的政策、实践和战略制定过程。创业战略使家族企业的战略更新和增长途径提高绩效，并确保其长期发展。之前的研究表明，创业导向的构建提供了捕捉家族企业投资创业的一个有效工具（Nordqvist & Melin，2010）。创业导向由五个维度构成，包括创新、冒险、积极、雄心和自治。虽然对家族企业创业的实证研究有限，但对于家族企业情境中创业取向的不同维度的使用存在一定的收敛性。

一、创新

创新是指一个企业的努力，旨在通过开发新产品，引进新实验和创新服务和流程（Lumpkin & Dess，1996），它代表了企业愿意脱离熟悉的能力或做法，冒险超越当前技术的状态。创新被认为是维持企业生存能力的必要条件，因为它是导致新产品出现、服务改进和管理实践新思想的一个重要来源。许多家族企业会强调其战略制定的创新性。例如研究和引进新的产品和服务是家族企业共同的战略类型。越来越多的实证研究显示，家族企业通常使用技术创新去培养他们的竞争优势和克服经济和财务上的衰退（Gudmundson，Hartman & Tower，1999），创新已被管理学者和实践者越来越多地关注（Block，2009；Hoy & Sharma，2010）。

二、冒险

冒险是指在不确定的情况下做出的大胆决定和行动，包括在不确定的环境中大量借贷或投入大量资源（Lumpkin & Dess，1996）。冒险行为被认为是企业家行为的一个典型特征，尽管之前的研究表明，许多企业家并不认为他们的行为是具有风险的，他们通常是在经过研究和规划之后，确认能显著地减少不确定性才开始采取行动（Simon，Houghton & Aquino，2000）。

冒险是许多家族企业的一个重要特征，家族企业承担风险的性质和程度在很大程度上取决于风险是如何定义的，例如成长中的家族企业所面临的风险，可能需要在战略制定方面有相对较高的开拓性（Daily &

Dollinger，1992）。进入新领域需要承担风险的行为可能在家族企业中不那么常见，尤其是当很可能失去对企业的控制时（Daily & Thompson，1994）。在企业中拥有更大的既得利益的成员通常都是家族成员，因此，家族企业在进行财务决策时会更加谨慎，在一项对696家瑞典中小家族企业的研究中，Naldi等（2007）发现，家族企业所要承担的风险相对比非家族企业要少得多。

三、主动性

主动性指的是一种具有远见卓识和前瞻性的特质，这些特质是市场领导者的特点，他们具有预见到需求变化或新兴市场趋势（Lumpkin & Dess，2001）的远见。主动性包括追踪和监控商业环境、消费者的口味变化以及新技术的出现，它反映了一种企业的愿景和未来的发展方向，使企业能够在机会出现的时候及时采取行动。积极主动是许多家族企业的共同特征（Ward，Leong & Boyer，1994），因为能在竞争中成功地抓住机会往往涉及长期的视野。Chrisman和Patel（2012），研究了964个上市制造业中的家族企业和非家族企业主动性的区别，他们发现当投入的不确定性很高时，家族企业相比非家族企业在研发上投入的主动性低，而当这种不确定性减少时，家族企业的研发投入水平会高于非家族企业的研发投入水平。

四、竞争雄心

竞争雄心是指一个家族企业在竞争市场上的表现，可以提高其在竞争市场中的地位（Lumpkin & Dess，2001）。它的特点是强烈的进攻姿势或主动地进行反应，表现出具有竞争力的攻击性。同时家族企业中最常见的另一种形式是防守者模式，表现出强大的防御姿态，以抵御竞争威胁。Ward（1994）表明，家族企业相比非家族同行不太具有强竞争性，特别是当如果太多竞争雄心可能会损害企业的声誉时（Harris et al.，1994）。尽管如此，有效的创业战略有时要求企业采用竞争雄心来对抗威胁他们生存或市场地位的行业趋势。

五、自治

自治指的是在探索机会中的独立性，带来新概念并将其完成（Lumpkin，Cogliser & Schneider，2009）。研究表明了自主创新促进创业，并提高了企业的竞争力和效率（Brock，2003）。研究还表明自治代表着家族企业主在外部经营和日常工作上的创造力，是企业发展的重要手段（Gebert，Boerner & Lanwehr，2003）。

总之，研究表明家族企业可以利用创业战略来启动新的计划。战略性地更新他们的运营，并提高他们的整体表现。一个家族企业的创业战略方向，包括创新、冒险、主动性、竞争雄心和自治。这为许多家族企业提供了一条途径，通过培养企业家的战略和行动来实现长期的生存和增长。

第四节　战略创新

因为家族企业的长期导向，家族企业的管理者会密切关注未来，并采取相应的行动。成本控制和现金管理对于短期来说很重要，但它们不会使企业保持长久的生存和发展。除了监控环境以及可用到的资源和能力，在某种程度上将企业推向一个理想的未来状态，这就需要涉及战略创新，以确定哪些客户需求已经转移，哪些行业边界已变得模糊，以利用稍纵即逝的机会。

一、战略创新原型

- 细化现有产品市场和市场增量的扩大。

因为产品和市场的特点是动态的，需要持续开发现有产品市场，同时需要持续地对产品进行改善，以增加客户的满意度。开发现有产品和市场包含不同功能领域相同的认知模式和例行业务，这些相似性减少了跨部门的冲突，有利于公司内部的沟通和资源整合，最终在公司绩效上建立互补影响。资源依赖理论也支持产品和市场的开发，因为开发现有客户包含产品适应的增量，将驱动产品开发和市场开发的相互作用带来正面的影响。

- 扩大现有产品的能力服务新的客户市场。

新的市场可以是以前未开发的或是通过新渠道得到的新客户，如线上交易，或新的地区，新的社会人口。市场探索识别新兴市场的机会，将直接通过增量产品改善，同时，公司的增量产品和市场探索形成互补。例如，德国家族企业 Fielmann 通过延伸他的隐形眼镜产品，推出彩色隐形眼镜，其产品具有改变眼睛颜色及美化眼睛的功能特点，其目标市场完全锁定于时尚人群，这个战略的主要目标是通过产品开发，识别和发展新的客户市场，从而提高竞争优势。

- 通过探索新的产品，为现有客户提供服务。

这个战略通过现有客户增加收入，这意味着，公司通过提高产品服务以期满足现有客户需求。产品探索和市场开发相结合的战略特征是对一个稳定的客户基础试错，并提供一个对产品选择和保留的明确反馈。比如，德国家族企业 Fielmann 开发了可戴彩色隐形眼镜，给目标客户带来了两种福利包。简化市场选择有助于产品的因果归因，产品探索和市场开发结合的战略创新带来更高的收入绩效。

- 创造新产品以拓宽新客户。

产品探索导致结构创新，是改变子系统和改变产品核心子系统的非连续创新。市场探索致力于目前服务以外的新客户，新的客户代表新兴市场或是已经存在但是并没有定位的市场，比如，一个新的地理市场或是对现有市场的拓宽。探索新产品的能力和新的客户市场如同开发战略一样也包含不同功能单位相似的认知模式的例行业务，产品探索和市场探索是相互补充的，因为创造新的产品能吸引新的客户和出现新的市场。这使得应用产品探索战略的公司寻找客户更为有效，有助于创新型公司识别和将产品出售给最能接受的买家。

- 设计新的价值配置抢占市场。

大多数公司试图去适应已确立的规范，但有些小型或是新成立的公司，可能会试图破坏已经建立起来的业务模式，即由更强、更大、更老的竞争对手主导的业务，由于它们已经整合并适应了现状，因此很难接受变化所带来的风险；但对于更小、更具活力和适应能力强的小型家族企业来说，变化不仅更容易，而且也是生存的必要条件，他们通过引入影响消费者行为的新性能标准来改变游戏规则。

战略创新的公司之所以能赢得可持续竞争优势，是因为它们在开发现有能力的同时探索新的机遇，并将公司划分为专业的部门，又在需要的时候将公司整合到一起，从而展示了公司的“二元性”（Gibson & Birkinshaw，2004）。在某些情况下，第一个创新的举动可能来自刚刚成立的公司，他们只是在探索。在这种情况下，创新者在开始的时候并不一定是二元性的，但是当他们的品牌和市场份额增长时，他们需要开发利用破坏成果的能力。当市场趋于成熟时，由于众多竞争对手的市场份额不断萎缩，或因满足客户需求而不断变化的需求，成熟的公司也需要具备两种灵活的能力以反应和生存。二元性即探索与开发，激进与渐进式创新。Tushman 和 O'Reilly（1996）在他们的“二元性”组织的开创性工作中，建议管理者和公司必须同时实现增量和革命性的变化，以避免失败综合征或陷阱，从而在更长的时期内保持成功。成功的关键是他们同时实施了两种战略，即平衡了当下成熟的环境，实现效率的渐进式创新目标和为适应变化而实现的灵活性和速度的激进式创新目标。Miller 和 Le－Breton（2007）研究发现超过三代的家族企业能在多方面同时进行创新，这对家族企业绩效带来积极的影响。Allisonetal（2014）发现随着时间的推移，家族企业的二元性战略是较稳定的，会随着动态环境在开发和探索间进行调整。

二、战略创新实施的必要条件

1. 企业能否创建不同的子单元

为了平衡当下和未来，早期的努力是将企业区分为不同功能的子单元，二元性工作的分工意味着同一企业内的不同部门或个人可能拥有互补的技能和任务。例如，当研发专家集中精力进行探索的时候，生产工程师可能会同时专注于开发。对于时间的轮换，不同的战略和结构可以在不同的计划时期得到发展。如今，许多企业追求在企业内更大范围的二元性，使其功能性的子单元中的有机与机械式相结合，换句话说，在同一时间，同时实现两种操作。大型企业可以通过结构差异实现，而且，随着系统规模的扩大，开发和探索的对峙会减少。但是小企业缺乏在同一个职能领域进行不同活动和与之相关的复杂的信息分享的资源和能力。小企业可能缺乏足够的规模来进行有效的安置和管理多个不同的子单元。所以，大型企业无论是创新新产品、拓宽新客户、扩大现有产品能力服务新的客户市场、探索新的产品服务现有客户，都会比缺乏必要资源的小企业更成功。

2. 企业是否具有开展战略创新的情境因素

要实现战略创新，企业需要一些情境因素与之配合，从而鼓励企业成员间相互协助，避免企业内出现对峙和资源内耗。这些情境因素既包括以强调绩效为导向的绩效管理，如团队绩效、项目组绩效，还包括提供员工帮助的社会支持因素，如员工间的支持和信任等。在群体规范中以绩效导向为目标，将促使员工持续学习，自动自发地超越预期绩效。高度的支持和信任，有助于员工间的支持和信任，从而培养员工互助，形成协助的工作氛围。试想如果每个子单元的员工只关注于自己的目标，对其工作伙伴的需求只是被动性的回应，员工之间缺乏信任，那么企业绩效在开发和探索两个维度都会表现平庸。理论上，这些能力也可以出现在小企业里，但这需要时间和经验去开发复杂的管理系统。“资历老”的企业拥有经验、知识和实施情境系统的时间，而“年轻企业”则不行。

3. 管理者是否具有建设战略创新的能力

进行战略创新的关键不仅与环境相关，同时也需不断寻求依赖行为，还必须通过时间来达成追求。而管理者是进行时间限制和路径依赖过程的执行者，这就需要管理者站在更高的角度，分配和整合多个场域的资源。这也意味着，战略创新的执行可能需要涉及更多高层次的战略决策，如决定建立一个研发中心，甚至分拆一个新的合资企业。同时，环境对企业的战略有显著影响。战略创新选择做与不做，是环境压力的结果。高管对任务环境压力的不同程度的感知在决策中起到重要作用，因为并非所有的企业都感知到同程度的环境压力，即使他们是在同行业中。当高管感到要同时兼顾开发和探索创新时，他们必须具备整合的能力。具体来说，高管要能够区分和整合开发和探索活动，为达到这个目的，高管人员需要知道每个不同子单元的不同要求，制定清晰而令人激动的企业愿景，不厌其烦地交流他们的战略，证明他们对战略创新的承诺。通过共同的激励系统、领导的教练等方式使得企业成员共命运，以减少可能会导致高管团队冲突的因素的出现。

4. 企业能否以一种创造性的方式启动新的商业模式

战略是焦点，但其副作用是惯性和盲点的出现。企业能够成功地发现新的战略位置，不是试图去适应既定的规则，而是改变游戏规则成为自己的优势很重要。从利基市场走向大众市场，为小型的、刚成立的企业等市场新进入者提供机会。从利基市场开始的战略创新，以及老牌企业在大众市场持续创新下的份额不断下降，都提高了竞争对手和客户的新价值主张，由于这些新的商业模式的特性以前没有或没有价值，因此它们改变了竞争的基础。对这种新的商业模式的回应可能会从行业到行业，从市场到市场。这为小型的和新成立的企业提供机会。创新战略对于任何类型的企业都是重要的，但是不同企业的创新战略可能会有所不同。

第五节　战略资源及获得

家族企业和非家族企业在战略管理中有很多相似之处，两者都用到相似的战略内容，都需要资源来运作，两者都需要战略创新，但也有显著的差异。家族企业运用家族资源进行融资，利用家族性进行战略实施和投资决策，将企业的家族性转化为组织的优势，这是非家族企业所不具备的优势。

一、家族性和资源拓展

家族性（Habbershon & Williams，1999）被认为是核心的战略性资源，可以增强战略优势。同时，企业家精神加强了战略管理和执行家族企业的战略活动。在之前的关于家族企业和家族企业绩效的研究中，一些研究者已经识别了“家族性”的特征和独特性。基于企业资源观（RBV），Habbershon 和 Williams（1999）提出“家族性”的概念区分了家族企业与非家族企业。他们将家族性定义为“独特的家族性资源”。Habbershon 和 Williams 认为，一个家族企业从其人力资本、物质资本、组织和过程资本资源中获得的能力是一种战略能力，他们认为，“家族”是一种包括目标和能力在内的多种因素。之后他们又扩展了基于 RBV 的模型和介绍了新的概念，并在后续文章中对基于知识的资源的所有权进行了扩展。家族因素包含了给家族带来了“独特的家族性”

的资源和能力（Habbershon，Williams & MacMillan，2003）。

研究者基于家族性的视角研究了家族成员的重要性，家族工作人员通过对家族性的战略性利用，能够更有效地适应家族商业团体对新环境的适应。另一项研究发现，家族企业高管能够发展一种以市场为导向的文化，这与集中战略和经营效率正向相关（Tokarczyk，Hansen，Green，& Down，2007）。因此，以家族为中心的资源，如“家族性”为建立战略竞争优势提供了一条很有价值的途径。

以家族为基础的品牌与家族的概念密切相关，因为它建立在一个家族的名字或其特征上，以形成一个独特的身份。使用姓氏作为企业名称在消费者和其他利益相关者的心目中会产生强烈的联想。研究表明，家族品牌可以强化家族企业的顾客导向（Craig et al.，2008），或传达一种强烈的家族价值观。宜家（IEKA）的创始人 Ingvar Kamprad 在《一位家具商人的遗嘱》中强调了所提供的商品和服务范围的重要性，这是宜家的身份和商标的基础。宜家的一条基本规则是，以极低的价格提供范围广泛、设计合理、功能齐全的家居家具，使世界上尽可能多的人认为他们是可以负担得起的。一般来说，这些联系是积极的，因为家族品牌的身份可能作为家族的一个代名词（Craig et al.，2008）。第五代消费品企业 S. C. Johnson 企业将自己打造成“家族企业”，并以此为基础，以家族特点、质量、可靠性和稳定性为基础，获得战略优势。将品牌建立在一个姓氏或其成员的名人权力之上有助于加强他们的家族品牌效应。与名人代言相比，家族资本实际参与企业活动，提供了更多的战略优势。总之，家族经营能够利用他们所处地区的家族或家族成员身份作为战略资产，这种以家族为基础的资产可以产生各种优势，包括声誉利益和更强大的客户导向。

因为资源有限，家族企业为了新目标对手边资源进行整合是比较适当的做法，利用不同资源产生新的用途，以及重新定义资源的用途，赋予资源新的应用方式而能次再利用。台湾三立电视台，前身为1983 年5

月成立的三立影视有限企业，是林昆海家族的家族企业，早期发迹于高雄，以自制及代理发行电视节目录像带著称，1993 年起跨入电视频道领域后，改以经营卫星电视频道为主。现总部位于台北市内湖区。就台湾电视台规模来看无线电视台规模最大，在戏剧制作费方面三立也与无线电台有较大差距；此外，由于区域经济发展以及政策等因素，使得三立面临巨大的市场竞争压力，而手中的竞争资源也是捉襟见肘，具体表现为三方面的资源限制：一是人才短缺；二是经费不足；三是盈利水平低。在面对戏剧制作费用短缺时，无线电视及有线电视虽是三立的竞争对手，但三立却与敌手合作整合资源，在新剧推出时将首播权让给无线台，先回收 1/3 到 1/2 不等的制作成本，隔一周才在三立都会台第二度播出，取得广告营收，之后三立找到有线电视台，如东森电视台，授予第三度播放权，再取得国内授权收入，这种资源的整合与重新利用打破了一般对于资源的定义，利用看似不足的资源，通过家族资源整合竞争对手的资源，使有限的资源得以延伸。

二、财务资源获得及实践

对于企业的来说，资源的获得是一个关键的成功因素，财务资源尤其重要。资金运营或投资新的业务的积极性是企业生存和发展的一个重要组成部分。对于中小企业而言，获取资金是一项最严峻的挑战。由于中小企业的经营规模较小，现金流量有限，较少的抵押品和较少的市场机会，使他们相较于大型企业更难吸引资金。家族企业和非家族企业在资金的利用类型上一般相似。尽管研究者普遍认为家族企业不愿意负债融资。一方面它们根本不需要股票市场的扩张，另一方面，上市也会带来巨大的成本，因此许多家族企业都没有上市意愿。而且生活在聚光灯下，不断受到市场和媒体的影响，也增加了企业的交易成本。甚至财务报告不可避免地受到相关公众的审查，使得企业在运营的灵活性、创新性和家族目标实现方面行走艰难。

家族目标的利益在企业在财务上增长和充足的现金流上。持续增长的资金需求可能需要家族企业所有者寻找筹集资金的所有途径。财务资金可能来自企业内部或家族债务市场，或者通过其他创造性的资金来源，这取决于家族企业所有者对企业的控制程度。家族企业非常不愿意放弃家族控制，即使在外部资金提供了更好的商业存活可能性的情况下也不愿放弃（Gomez – Mejia et al.，2007）。此外，许多家族企业愿意限制企业的增长以避免债务，一些家族企业则选择完全避免债务，这是因为家族企业的大部分融资来自家族成员对企业的再投资。有证据表明家族企业会试图通过降低资本支出限制资本暴露（Gallo et al.，2004）。据估计，在美国私营企业中的，家族企业比例达到80%，零售服务和批发等行业比重较高，对资本支出的投资较少。家族企业在筹集资金、管理风险和增长的能力方面面临着巨大的劣势（Carney & Gedajlovic，2002）。筹集资金的挑战可能导致家族企业对现金的需求缺乏远见，他们所接受的投资决策是有更快的回报期来管理现金的。但是，如果回收期被用作资本投资决策的唯一标准，那么家族企业可能会拒绝这些项目。家族企业也许能利用耐心资本来抵消筹集资本的不利条件。耐心资本是家族所有者提供的权益，他们愿意用长期战略的优点来平衡当前的商业投资回报。家族在一个或多个代际投资的耐心资本不仅仅是财务资本，它还建立在与家族遗产和受托责任相关的社会情感属性上（De Visscher，2016）。

家族企业利用债务的形式是复杂的，需要考虑以下因素：企业规模、战略规划、经营目标，以及家族控制程度等（Romano，Tanewski & Smyrnios，2000）。公开上市的家族企业比私人家族企业有更多的融资机会（Maherault，2000）。此外，大企业比小企业更可能利用银行融资（Coleman & Carsky，1999），创始人控制的家族企业往往债务较少（McConaughy et al.，2001）。Schulze 及其同事发现，家族企业对所有权的严密控制会影响家族企业利用债务的水平（Schulze，Lubatkin &

Dino，2003）。

家族企业的股权结构也可能影响家族企业资金需求。规模较小的私营家族企业经常使用家族贷款或家族基金满足短期融资需求，从而最大限度地减少对外部资金的需求（Yilmazer & Schrank，2006）。非家族成员的高级管理人员会使用更复杂的财务技术（资本预算和营运资本管理），旨在帮助家族企业更有效地利用资源（Filbeck & Lee，2000）。McConaughy 等（2001）发现由创始人领导的家族企业比其他类型的家族企业更能有效地进行财务运作。Carney 和 Gedajlovic（2002）的研究表明，当一个家族企业的所有权和控制权是耦合的，短期的盈利能力更大，财务流动性更高，但资本性支出较低。因此，在短期内，更大比例的家族控制有利于提高盈利能力和效率，但可能会抑制长期增长计划或对未来的投资计划。

总体而言，家族企业与非家族企业在如何获得资金方面存在着明显的差异。家族所有权的模式很可能影响债务融资的选择：较小的私人家族企业使用的债务比非家族企业少，而且倾向于依靠家族贷款，较大的家族企业财务资金的获得与非家族企业类似。

三、财务结构和投资实践

财务结构强调了家族对企业债务的看法，就家族企业的财务结构来看，尤其是中小家族企业，通常股权融资是一个不受欢迎的和不太常用的融资方式（Wu，Chua & Chrisman，2007）。原因之一是啄食顺序理论，该理论认为企业筹集资金时，通常会按以下顺序进行财务决策：首先选择内部融资，其次是债务，最后是外部股权。Poutziouris（2001）认为对于风险资本，家族企业并没有扩大股本基数的热情而是尽一切可能保持家族控制。Mahérault（2000）通过对法国家族企业的研究发现，家族企业并不是特别吸引投资者，除非他们是公开交易的。

家族企业偏爱的一项投资是对其他家族企业的投资。Steier（2001）

运用委托代理理论来解决不同家族的投资偏好。企业代理理论是指当企业的管理者与所有者分离时对风险发生所持的不同的态度和偏好。他认为投资者利用家族“利他”主义，明显与非家族企业有不同的风险偏好、投资目标和治理预期。对家族天使投资者的研究明显支持这一点，他们更喜欢投资家族企业。家族天使投资者相比其他非正式的投资者，更愿意冒更大的风险，更积极地参与企业的经营决策，较少关注退出策略（Erikson，Sorheim & Reitan，2003）。

家族企业进行战略投资的资产、能力和计划，会影响企业未来的财富。对未来管理人员的培训和发展，以及在研发、设备或房地产方面的投资有助于企业寿命延长（Chittoor & Das，2007）。低债务这种保守的方法可以帮助家族企业获得短期财务上的成功，但投资不足可能会限制其长期的发展（Gallo，Tàpies & Cappuyns，2004）。

总之，家族企业的财务结构使得股权融资在家族企业中较不受欢迎，一方面是因为家族更愿意保持控制，另一方面是因为投资者发现家族企业的投资吸引力较低。家族企业更倾向于投资其他家族企业。此外，家族企业经常对影响其长期业务成功的资产和能力进行战略性投资（Dyer，2009）。

第六节　讨论与展望

研究者在研究家族企业的战略管理议题时提出了许多值得探讨的问题。家族企业研究者和实践者可以从更深入地研究战略类别中的每一个类中受益。如家族企业如何制定战略。García – Álvarez 和 López – Sintas（2001）认为创始人既关注企业成长也强调个人价值的实现，在财务上更愿意采用保守方法。家族第一或是企业第一或是家族和企业第一的导向区别了家族企业如何在战略上使用它们的资源。Lumpkin 和 Brigham（2011）认为长期导向在家族企业战略的制定方面做出了积极贡献。例如，投资长期项目的家族企业与寻求短期投资回报的企业相比，长期投资是有优势的（Zellweger，2007）。对这些投资政策的研究可以加深对家族企业如何利用战略管理来获得竞争优势的理解。

研究表明，家族企业往往比非家族企业具有更好的绩效（McConaughy et al.，2001），然而，Habbershon 等（2003）注意到过去的研究很大程度上集中于传统战略模型，未来的研究应该更关注家族企业的战略创新，这样做有助于家族企业适应新环境的变化和展示家族新的特性，以提高绩效。战略管理对家族企业所有者和经营者至关重要。有效的战略和战略管理是企业成功的重要因素，若没有计划或是深思熟虑的政策和方案，对资源与能力不能统筹，组织的方向和目标不能把握，一个组织是不可能执行有效的管理和取得持久的成功的。使用战略管理工具和原则，可以提高家族企业绩效和提供一个比较优势，包括利用已证实的竞争战略和战略创新。

家族企业通过撬动非家族企业的独特资源来实现比较优势，家族企业的独特属性提供了财务支持；忠诚和可信赖的人力资本，情感和社会网络关系，提供了企业发展中资源的稳定性，使家族企业在早期或是经济困难时期保持繁荣。家族身份带来不同的优势，家族身份的认同会增强以客户为导向的理念。相比于非家族企业，家族企业的运营效率相对较高，偏好保守的融资策略，有保持所有权控制权的倾向，这能增强客户和战略合作伙伴对家族企业稳定可靠的印象。

至于家族企业的创业战略，我们认为随着时间的推移家族企业保持强大的创业精神是很重要的。企业创始人通常会以创业导向来形塑他们的优先权和决策。但是，创始人的创业动力可能不会通过一代又一代相传。从实践的角度来看，要在几代人之间生存下来并保持成功的家族企业可能需要加强他们的创业精神。创造一个重要的环境，并敦促家族企业所有者在代际中不断增加自己的创业导向，这有助于增加他们在第一代或第二代之后企业生存的机会。

竞争战略、国际化战略、创业战略和战略创新需根植于家族企业文化中。与创一代家族企业家模式相反的是，后代的家族企业所有者的风险规避和战略保守主义经常导致家族企业做出阻碍经济增长或错失丰厚利润的机会的决策。在那些不习惯国际化或企业冒险的组织中，家族企业创始人需创造出一种有利于家族企业行为的氛围帮助家族企业做出明智的战略决策以保护财富或超越竞争对手。总之，作为家族企业结果变量之一的战略，凸显了家族企业在实现财务可行性和长期成功的能力方面的重要性。

第六章

PART 6

家族企业绩效

家族企业的开始往往始于餐桌上的一次谈话，但随着时间的推移，创始人可能并不满足于企业存在的现实，而是希望成功的管理业务，引导企业，以多种方式为家族提供服务，希望能延续几代人，家业长青。家族企业的经营比其他企业特殊，血缘或姻亲的持股使企业投资时，不只考虑企业自身的利益，家族利益也常是决策时所要考虑的重要因素，甚至会超过企业利益本身。

第一节 家族企业的社会情感目标

家族企业研究充满了对家族企业独特性质的研究。许多研究已经明确了家族企业和非家族企业之间的区别（Gallo，Tàpies & Cappuyns，2004）。企业一旦自我认定为家族企业，就反映出家族发展的野心和家族企业管理的复杂性，包括家族价值观、家族关系和长期的财富目标。所有的企业都需要保持竞争力才能获得成功。对于家族企业来说这一事实尤为突显，因为企业需要支持不断壮大的家族成员。管家理论提出家族企业更广泛地考虑以家族为中心的社会情感目标的概念。家族企业管理更关注信任、家族企业文化、员工和企业之间的关系。研究人员普遍认为，家族企业主关心企业的长期发展的原因是企业影响了家族的财富、声望和家族成员的幸福感。家族企业的利他主义、家族成员的幸福感等社会情感目标与企业的长期发展一致，这提升了企业的延续性和在企业家中产生更高的管理意识。

除了获得经济上的成功，家族企业往往把传承看的比经济利益更重要。大多数家族都有对家族价值的情感考虑，其中有家族和谐（Astrachan & Jaskiewicz，2008）、家族地位（Zellweger，2007）、家族名誉和家族遗产。这些目标与家族拥有的家族业务的情感价值联系在一起。随着企业中家族成员的增加（chrisman，chua & sharma，2005），这些“社会情感”目标变得更加重要，通常被等同于高的资本回报率（Ehrhardt & Nowak，2003）。社会情感目标将家族企业和非家族企业区别开来。

第二节　家族企业的财务绩效

财务上的成功对于企业的可持续性发展是非常重要的。因为家族企业的私有性，对财务绩效的研究仅限于评估上市家族企业。研究显示家族控制的上市企业的表现优于非家族控制的企业。Anderson 和 Reed（2004）通过评估美国标准普尔 500 的家族所有权，识别了 1/3 的企业是家族控制的企业，通过使用基于盈利能力的绩效指标，如资产回报率，发现家族控制的企业在绩效上明显优于非家族控制的企业，而且市场的绩效指标方面，家族所有权的企业表现也优于非家族企业。

各种研究已经检测了为什么家族企业比非家族企业表现更好，一种观点认为，当企业由家族所有者管理时，家族所有权会创造价值。当创始人担任首席执行官或董事长时，家族管理会增加企业价值。其他研究表明，那些仍然在创始家族掌管中的企业比非家族企业运行得更有效率，并产生更少的负债，拥有更高的市场股本权益比。减少使用负债是一种保守的融资方式。家族企业在决策时，会考虑到非经济因素。家族企业的声誉和身份容易受到威胁，因此，他们不愿意在任何会违约的风险中做生意。虽采用的是保守的融资方式，但家族在自己的财务业绩上总会得到更高回报。

同时，也有学者指出，家族所有权集中在少数控股股东手中，家族企业中占主导的股东们对关键决策施加控制，损害少数家族股东的利益，会引起家族成员之间的诉讼，诉讼不仅会产生高昂的财务费用，而且会对家族企业社会情感造成不可避免的伤害。许多真实的案例都说明了家族冲突会造成巨大经济损失。这些案例并不局限于富人或名人。不管名声和规模多大，很多家族企业都有这样的诉讼案例。

家族企业具有重大的家族影响，单一的创始人会有更多样化的非家族关系，如银行关系、外部投资者关系、合作伙伴关系等。这些非家族关系在财务上更有动力。家族所有者这种类型的创始人展示出创业（家族以外的广泛的业务关系）和家族的混合角色，他们被看成是企业的建设者和家族的养育者，并试图融合家族和企业的需求，当对这两种类型的所有者进行财务绩效评估时，结果显示出单一的所有者获得了较高的股东回报，家族所有者获得了平均的股东回报。

中国大陆家族企业的注册形式主要为独资、合伙与有限责任企业三种。在过去十年间，独资与合伙企业的比例逐渐下降，有限责任企业逐步增加，后者成为中国大陆家族企业最主要的组织形式。自 2001 年来，中国证监会放松了对家族企业上市的政策限制，越来越多的家族企业开始筹划上市。在对家族企业绩效的研究中发现家族企业的财务绩效在某些方面会更好，至少和非家族控股企业一样好。然而，这些研究主要集中在拥有强大的企业治理结构和审计控制的大企业中（贺小刚和连燕玲，2009）。这些企业的成就不能同那些更小的、不那么结构化的、私有的家族企业进行类比。在企业治理和审计控制上增加花费确实不会伤害长期的财务绩效。这些研究表明，那些保持私营的家族企业通过建立一些正规的治理程序，能够享受绩效上的整体成功，满足财务上的目标。许多研究已经把财务绩效作为衡量一个企业是否成功的指标，这也是在家族企业领域中研究得最多的主题。而具体地关注家族企业在社会情感上的结果的研究远远少于财务绩效的研究。对于什么构成了家族企业的成功是很难确定的，可能每个企业的情况是截然不同的。完全拥有并经营企业的家族的身份与企业的整体成功是相互融合，他们采用了一种长期增长的战略，为他们的家族资产保驾护航。家族所有权给予了家族影响企业目标的权力。事实上，关于家族企业的研究表明家族的参与为企业创造了包括经济因素、行为和绩效在内截然不同的目标。

家族企业与非家族企业对优先次序的考量是不同的。随着时间的推移，这些优先次序影响了家族企业在开发和资源获取方面进行的投资类型和投资水平的选择。资源包括有形资产和无形的资产，如财产、设备、资金、声誉、社交网络、知识产权和员工忠诚度等，这些资源组合在一起，形成了家族企业竞争力的基础。即使家族和非家族企业拥有相同的资源，财务绩效方面也会有所不同。

区别家族企业与非家族企业财务绩效的另一个被广泛接受的说法是运用委托代理理论解释。在家族企业中，由于家族拥有企业的所有权，家族成员运用这个权利发挥出了对企业决策的影响，同时对财务绩效施以影响（Carney，2005）。企业所有者与管理者之间的分歧很容易对绩效产生影响。在企业中，专业人士的潜在利益与代表一个长期视角的股东和所有者存在分歧，家族成员管理者的家族企业往往能降低代理成本（Chrisman，Chua & Litz，2004）。换句话说，家族企业能反映所有权和管理者双方符合业务需求和企业所有者的需求的统一（Carney，2005），消除非业主经理和企业主之间代理问题脱节，而非家族企业必须支付额外的费用来确保代理行为，如经理必须坚持与所有者权益一致。家族管理的家族企业在效率和目标方面比同类非家族企业更为有效和具有一致性（McConaughy，1994）。

那么是否由于家族企业的代理优势，家族企业比非家族企业有更好的财务绩效呢？答案并不统一。尚需研究的是存在更大的规模发展和竞争的企业，代理的优势是否能转化为更好的业绩，Gallo 等（2004）研究表明，家族企业中家族成员担任首席财务官能实现更高的利润率和股本回报率。然而，他们的数据也表明，如果这些企业占领了更多的市场份额，他们的增长就不会有多大。有趣的是，研究者也报告了非家族成员担任财务总监的企业净资产收益率水平高于家族成员担任财务总监的企业（Schulze，Lubatkin，Dino & Buchholtz，2001）。这些结果表明，成功的财务绩效的指标之一在于是否让非家族成员担任财务总监并参与战略决策。

第三节　家族企业的风险和绩效

Naldi 等（2007）认为家族所有权和愿意承担风险负相关，从而对家族企业的业绩的产生负面影响（Zellweger 2006）。这些研究指出由于担心将家族财富置于危险之中，家族的高度所有权，与从事冒险活动的倾向负相关，家族企业领导者可能很少或根本没有动机采取冒险的战略决定。因此，家族企业被认为比非家族企业更容易规避风险。虽然家族企业必须参与竞争并应对市场的挑战。作为企业的投资者或所有者，需要某种类型的投资回报。投资回报率是所有者愿意承担的风险的函数，为赚取回报，投资者必须接受一定程度的风险。但研究表明家族企业的管理者认为不必冒着风险参与竞争（Gallo et al.，2004）。

家族企业如何处理那些涉及风险的因素？家族企业会倾向于使用较少的债务，雇用少数全职员工，投资于长期的研究和开发。这些行为的潜在原因是，风险管理水平是与家族企业主的所有者权益直接相关的（Shleifer & Vishny，1997），这意味着可以避开失去积累的家族财富的风险。家族企业的管理人员要比其他企业管理者承担较小风险的创业趋势（McConaughy et al.，2001；Schulze，Lubatkin & Dino，2002）。无论企业是否需要承担更多或更少的财务风险，家族企业若采取不承担财务风险的行动，将带来一个负面的社会性价值（Gomez - Mejia et al.，

2007）。在家族企业中，风险厌恶被证明是静态的。如果创始人还活着，创始人对企业的影响是直接的，但同样的在其过世后，家族继承人仍可能强硬地按照传统的方法行事。对风险所持的态度确实会在世代中传承下去。

投资风险或创业风险在家族企业绩效中扮演的角色会给企业的整体绩效带来许多挑战，是家族企业保持家族和谐的结果。在正式的控制系统（Randoy & Goel，2003）中，家族企业通常不使用或很少使用外部董事（Carney，2005；Cowling，2003），家族企业重点考虑所有权的控制和受到家族影响的关键企业决策。关键的企业决策通常是在相对非正式的场合下产生的，通过家族内部发展的方式控制，虽然这有助于社会情感的维持，但不能拓展任何关于战略决策的讨论（Craig & Moores，2005）。

家族企业面临的许多影响家族企业绩效的威胁都是来源于家族成员之间的相互关系。在一项对美国家族企业的调查研究中，研究员发现了影响家族企业绩效的几个重要因素。在财务绩效方面最重要的因素是处理冲突，如解决冲突（Fazio & Olson，2003）。家族内部或企业内部的破坏性冲突，无论是从财务上还是社会上的角度来看，都将影响到家族企业的可持续性。例如家族功能失调，家族就越有可能出现现金流问题（Amarapurkar & Danes，2005）。

家族面临着各种各样的冲突。在一个家族企业的背景下，冲突的来源可以被放大，如谁应该为企业工作？家族成员应该持有多少股份？也许最重要的问题是谁应该对谁负责？家族关系使解决这些问题变得困难，这些问题对家族企业来说是独一无二的。家族解决这些问题的方式与家族企业的成功息息相关。家族企业在决定新的 CEO 时面临的挑战是谁应该被选择？为什么？对传承过程的研究强调了坚持精英管理的好处，包括外部评价、指导和工作经验（Sharma et al.，2003）。研究表明，从家族成员到非家族职业经理人的平稳过渡可能会产生更好的经营业绩（Chittoor & Das，2007）。家族应该对CEO的继任做出最有利的决定，尽管有证据表明，这可能需要在家族成员中进行选择，或者选择家族成员以外的人员来填补这个职位，但这提出了如何评估家族成员工作表现的挑战性问题。虽然通常认为家族企业几乎没有任何的代理成本，但家族关系会使家族员工的绩效评估变得更加困难，因为家族成员对彼此的利他倾向是相互的。尽管利他主义可以减轻一些代理成本，但它也会导致经济成本的堑壕（Morck & Yeung，2004），例如，如何确定让家族成员晋升？如何采取适当的行动让你父亲辞职？显然很难确定哪些家族成员在工作中没有效率。由于这些问题的存在，家族企业不能免于委托－代理功能障碍的影响。事实上，家族关系可能会增加企业的行政管理成本。然而也有研究表明，家族企业通过使用一些代理成本控制机制来获得经济效益（Gomez－Mejia et al.，2001；Schulze et al.；2002）。

第四节 家族企业绩效的管理

如果管理者追求的利益，与企业的目标相反，也会增加代理成本（Chrisman et al.，2005）。例如，将雇用所有的家族成员作为家族企业的一个非经济的目标，保留不称职的家族成员并给他们发工资就是一个代理问题。因此，若家族就业被作为家族企业的一个目标，那么家族员工“低于最优”就会产生代理成本。但如果家族企业有一个精英家族的就业政策，家族企业管理者可以将他们的孩子留在工资单上，而不会对家族政策产生任何负面影响。利他主义可能会影响家长对家族雇员的看法，特别是当这种判断对企业以外的家族关系产生溢出效应（Chrisman et al.，2005；Schulze et al.，2002）时。父母的利他主义可以使他们对自己的孩子慷慨大方，即使是随着时间的推移孩子们没有能力为企业增值。电脑大王王安在企业发展后期因身体原因决定退休，董事会多次劝说他任命有着丰富经验的职业经理人，但王安不顾企业上下反对，让36岁的长子王烈出任企业总裁，且安排幼子出任王安传播企业总裁，这让企业员工大失所望。接过帅印之时，王烈便处于不得人心，且企业业绩持续下滑的不利时机，由于无法阻止的颓势，越来越多的下属选择离开，使企业雪上加霜，错过企业扭转的关键时机。

家族雇员通过增加营业收入“挣得”工资，一个家族雇员的边际效应被发现是一个非家族雇员的100倍。然而，雇员的审查、薪酬设计、绩效评估和个人职业发展计划经常被用于非家族员工，而不是家族成员员工。这一研究表明，尽管家族雇员的工作效率更高，但许多家族企业并没有让他们的家族雇员经过一个广泛的审查过程。这让外人误以为家族员工是员工队伍中的一个薄弱环节。

家族企业应该通过正式的治理行为进行良好的管理，包括为所有员工制定书面的工作说明书和指导方针，以及正式的员工评价，确定家族成员有能力达到家族企业工作的要求。五个关键的人力资源实践与家族企业绩效相关：

（1）员工的招聘与甄选；

（2）培训与发展；

（3）绩效评估；

（4）员工关系维护；

（5）竞争性薪酬结构。

第五节　讨论与展望

通过对家族企业绩效相关文献的回顾，研究者发现了家族企业绩效的财务绩效和社会情感目标方面的议题，家族企业在实现社会情感目标时，要注重家族企业积极的管理方法，为家族和企业建立正式的控制和治理政策。许多家族企业用非正式的流程做决策。这种方式对创始人有好处，但对下一代的家族成员来说是有问题的，尤其是那些可能不在企业工作，却需要了解家族企业运营情况的家族成员。家族成员需与非家族成员一样纳入到正式的考核和评估系统中，家族企业管理者需要不断明确他们的企业和家族目标，实施正式的控制和治理系统，包括积极、独立的企业委员会，具体的财务控制和家族的正式管理系统来达到两个目标的兼顾。Anderson 和 Reed（2003）的研究表明，严格的正式控制和治理在公开市场不会伤害财务绩效，正式的治理和控制系统中社会情感目标似乎也并没有损害财务绩效。

管家理论是对一个家族和企业更正式的治理结构最有效的方法（Blumentritt，Keyt & Astrachan，2007）。管家理论重点研究信任、文化、管理和业务之间的关系。家族企业管家的目标应该是获得 CEO、家族和非家族成员、家族理事会的支持。管家有必要让家族成员知道一些家族企业可能面临的具有风险性的问题，其中最具有挑战性的一件事是为了企业的利益转向经营管理。如果家族企业在管理岗位上能雇用到有能力、合格的家族成员，那么企业应该这样做。家族企业应该寻找最合格的雇员担任高层管理职位。在一个家族中真正的管家要能够起用非家族企业员工来填补重要的岗位，一个家族企业应采用精英的招聘系统减轻家族企业的有限人力资源持有的风险。

家族冲突会引起对家族问题的过分关注，从而转移对企业需求的注意力，往往会损害企业的生产力。研究表明，管理冲突对于家族企业的成功是重要的，这有助于以合作的方式提供更积极的家族和企业的产出。家族企业应建立一个正式和有利于为家族和企业工作的环境，以应对家族或企业问题。这种正式的过程往往采取家族会议的形式，通过召集所有参与企业的家族成员，在家族理事会的协作、付出和努力下建立正式的沟通和协作流程来减少家族冲突，并提高家族社会情感目标和企业财务绩效。

家族企业主应该认真考虑接受相关风险的挑战，以换取相应的回报。一般来说，家族所有权越是分散，家族企业主就越倾向于规避风险。作为家族企业的所有者，家族企业主想要保护家族财产，但仅是通过最小化愿意承担的风险，不允许企业在市场上遇到具有竞争性的挑战，他们可能把企业推向更大的风险。另外，在许多家族企业中，创始人不愿意接受债务，并将厌恶风险的习性代代相传。这种不使用债务的财务结构倾向，实际上会给家族企业带来更多的风险，给企业成长壮大带来阻力。

总之，通过对进入家族企业的家族成员的严格甄选，设计正式的家族成员的教育计划、绩效评估和薪酬设计，使家族成员在家族企业中获得相应的合法地位，有助于家族企业代代相传。建立一个更正式的企业治理和控制系统对风险进行科学的评估，有助于企业承担合理的风险以换取企业业务上更好的绩效，同时也有助于家族实现财务绩效和社会情感目标。家族企业受益于一个正式的家族和企业的系统，在业务层面，应该有一个包括家族和非家族成员、专业人士的董事会，在家族层面，应该有一个家族会议或至少一个家族小组致力于解决家族矛盾，追求家族企业绩效，制定出一套治理政策，以促进整个企业积极的财务绩效和社会情感目标，与整个家族分享，以帮助他们继续发挥自己的作用。作为家族企业主，他们应该针对自己的业务进行自我评估，并致力于为企业增加价值，评估最佳的家族企业管理实践并完善家族企业经营政策，以利于家族企业财务绩效和社会情感目标的达成。

第七章

PART 7

家族企业的代际传承

家族企业约占全球所有企业的 80%，这些企业在全球经济中扮演着重要的角色，却很少能多代延续，只有 3% 能传到第四代以后。在早期阶段代际传承最常见的模式是一个企业所有者来选择指定的继承人，大多情况下是长子。在家族企业中，老一辈家族员工的角色明显要比职业经理人的角色更为重要，在家族企业中，员工或多或少地期待着所有者挑选继任者。事实上，继任者若在早期阶段被选中，这使他能够接受良好的训练和做好继任准备，成为家族企业发展的一项潜在优势。在失败的案例中，老一辈也可能会选错人，表现为不称职的继任者，对管理缺乏兴趣，或没有得到其他家族成员或利益相关人的认可。当家族的各个分支都参与到企业事务中，很可能会产生冲突，持续的冲突会导致家族逐渐失去对企业的控制。家族企业的继承往往涉及漫长的时间准备和复杂的过程，受到家族企业业主个人目标、家族结构、潜在继任者能力、法律和财务等因素的影响。家族企业的研究人员倾向于研究是什么决定继承的成功，以及对家族员工和非家族股东的有效性管理（Handler，1994；Le Breton – Miller et al.，2004）。

第一节　家族企业代际传承的研究现状

本书对家族企业所有权转移和管理继承的学术文献进行了全面的回顾，发现大多数有关继承的文献都是概念上的，或者依赖于少数的案例或基于便利样本的调查，或是基本描述性调查企业的继承情况，如基于小样本微观研究或少量的说明性的情况，所以需要更多的实证研究来了解家族企业的长期发展和这些家族不同代际水平是如何影响家族企业绩效的（Yu，Lumpkin，Sorenson & Brigham，2012）。

继承涉及企业目标和候选人的选择，代际传承的成功受到家族企业主、非家族管理者、家族成员、经济环境和潜在候选人的才能影响。相关文献中采用了不同层级的观点和视角，在这些研究中多层次的定量研究还是很少见的，由于继承是一种内在的多层次现象，经验研究也必须采用多层次的视角。继承研究主要关注的是管理转变，而对于所有权转移的关注却很少。对许多中小家族企业来说。这两个转换是同时的（Handler，1994），未来的研究需对所有权进行单独研究，并更仔细地审视所有权是如何转移的，这不仅涉及金融问题和资产估值，也涉及一些情感问题，比如被卷入其中的候选人之间的公平竞争，这代表了继承中最关键的部分。同时，文献回顾表明缺乏合适的分析技术和代表性的抽样方法，而对可以提供证据的归纳性实证研究需求越来越大。

第二节　研究方法

本书使用了 springer 数据库存，通过寻找关键字“连续性”“继任者”“继承”“家族企业”，分析集中在 75 篇论文上，其中 66% 的文章发表在家族商业评论，11% 发表在小型企业管理杂志上，9% 发表在创业理论和实务上，7% 发表在企业创业杂志上，7% 发表在国际小型企业杂志上，45% 是实证研究，其中 55% 是定性研究，45% 是定量研究。这些研究涉及的方面有：

- 分析的层次：个人层面关注的是在继承过程中，个人的中心地位，并考虑个人属性、态度、观点、行为和期望。群体层面关注人际关系、家族关系、家族成员对继承过程的影响、非家族管理对继承过程的反应。企业的层面考虑治理机制和时间维度的影响。环境层面考虑外部环境因素对企业结构的影响。多层次研究探讨了不同层次的力量如何对继承产生影响。

- 继承过程中的四个阶段：计划继任阶段、准备继任阶段、继任管理阶段和继承后阶段。

- 讨论的代理类型：现任者、创始人、继承人、父母、子女、经理、股东、董事会。

第三节 家族企业继承研究的综述

家族企业继承研究的综述，关注了当前的研究和主流的研究问题，并从这些文献中找到在理论上、实践上或是方法上的研究空白，为未来的研究找到线索。

一、环境层面的研究

环境层面的研究调查了外部因素对家族企业的影响，例如所有权转移或继承面临的金融或法律机构或国家文化方面的影响。这一类研究在宏观层面上讨论各国政策的意义。一些学者重点研究继承与企业绩效之间的关系（Ayres，1998；Diwisch，Voithofer & Weiss，2009）。一些学者探讨管理层收购，研究各种金融机构和企业行为之间的相互作用（Scholes，Wright，Westhead，Burrows & Bruining，2007；Wright，Thompson & Robbie，1992），税收和法律框架如何影响股权转换（Bjuggren & Sund，2002；File & Prince，1996；McCollom，1992）。此外，这类研究还包含了不同国家的文化形态来塑造继承人的态度（Kuratko，Hornsby & Montagno，1993），采用继任计划的倾向（Huang，1999），以及成功的继承率（Chau，1991）。

从这一系列研究中可以看出经济环境对家族企业的影响，如对提高企业绩效的政策措施的评价，以及劳动力市场总量的评估（Diwisch et al.，2009）等，国家法律和税机构框架严重影响了企业的决策（Buguggren & Sund，2001）或出售企业的决定（Scholes et al.，2007；Wright et al.，1992）。税收中性是重要的一个制度框架，支持福利促进继承（Buguggren & Sund，2002），不利的国家政策相比不足的继承计划更与家族经营失败相关（File & Prince，1996）。

二、企业层面的研究

企业层面的研究主要集中为企业所有权转移与继承之间的关系。一类研究探讨了家族领导人在所有权转移期间影响成功继承的因素，例如，社会资本的开发和转移（Steier，2001），企业特有的行业知识（Fiegener，Brown，Prince & File，1994；Foster，1995）。一类研究着眼于企业治理中管理权的转移（Corbetta & Montemerlo，1999；Poza，Hanlon & Kishida，2004），从创始人到继承人的专业化管理的过渡（Berenbeim，1990；Sonfield & Lussier，2004），以及与非家族管理者在继承阶段的关系（Chua，Chrisman & Sharma，2003）。还有一类研究探讨了在所有权继承期间和之后企业失败的原因（Miller，Steier & Le Breton - Miller，2003）。总之，这组研究提供了涉及企业层面的代际传承的一些重要的认识，涉及社会资本和行业知识的建立和转移，跨代人力资本，家族成员的参与如何影响相关所有权转移的治理机制，以及专业化管理是如何从创始人一代到继任者转变的。

企业层面的研究为实践者提供了一些重要的见解。首先，它们为如何管理继承过程提供了各种见解。Brown（1993）采取了一种广泛的继承准备的方法，建议制定关键成员的继任计划，并保持与他们的明确和公开的沟通。Fiegener 和他的同事（1994）认为家族和非家族企业之间的显著差异是家族企业更倾向于个人的继承发展，而非家族企业更倾向于形式化的方法，并以任务为导向。Kimhi（1997）认为父母的鼓励会使他们的孩子对企业投入更多的关注，以保持企业的市场价值和经济价值尽可能小的差距，建立适当的保险和补贴计划。Stavrou（2003）强调家族企业必须对企业的需求和价值有着清晰的理解。其次，识别了家族企业传承需要更加牢固的治理模式支持。一些研究强调采用新的董事会或管理委员会，引入更先进的报告系统，制定行为准则，重组资本和股权，修改企业的组织结构，将外部的股东引入到继承过程中。研究表明更加牢固的治理模式对下代家族成员和非家族成员的管理会产生重要影响（Barach & Ganitsky，1995；Corbetta & Montemerlo，1999）。家族方面有必要在家族企业中形成专业的家族企业文化。让潜在家族继承人主动追求家族事业比强迫他们参与家族生意更重要（Sharma，Chrisman & Chua，2003）。此外，为了赢得非家族企业管理者的忠诚和承诺，家族企业必须传达家族的利益，并设法了解非家族管理人员的利益（Chua et al.，2003）。如果这种治理方式与管理和实践相匹配，则雇用外部管理者的代理成本可能会减少，从而进一步提升成功继承的可能性（Poza et al.，2004）。

三、个体/群体水平的研究

80%的文献涉及这一组研究。它以家族企业主个人或家族企业管理者群体/首席执行官个体为中心，这是对私人企业所有权的研究的分析单位。正如方法部分所描述的，在这个大类中包括了代际过程中出现的不同的阶段：计划接班阶段、准备接班阶段、管理接班阶段和接班后阶段。

（一）计划接班阶段

子类中个体层次的研究集中于预接班阶段，并调查在计划和管理所有权继承之前的问题，包括家族成员对继承的态度和意愿有关的问题。

这些研究包括对家族企业继任者态度和意愿的调查。还探索了下一代家族成员对企业的情感、意图（Birley，1986；Stavrou，1998）和建议等方面内容（Birley，2002；Shepherd & Zacharakis，2000）。这些文献大多是基于对潜在继任者处于大学生时期的调查（Birley，1986；Shepherd & Zacharakis，2000；Stavrou & Swiercz，1998）。Birley（2002）调查了参与先前研究项目的家族所有者的后代，分析了继承人的人格和心理方面的作用。关于继任的态度和意愿，研究者强调了家族成员之间的沟通和信任的氛围能影响下一代家族成员传承的意愿（Cadieux，Lorrain & Hugron，2002），而这需要在一个非常早期的阶段就开始准备，使他们对家族事业的追求在很小时候就扎下根来（Dumas，Dupuis，Richer & St. - Cyr，1995）。对于下一代的家族企业管理者来说，性别可能在传承中会出现差异，Galiano 和 Vinturella（1995）在他们的研究中发现，女儿们经常把他们的创始人父亲视为"完美""无所不能""无所不知"的，这种观点会延迟她们对自己个人的认同感和发展出更高的技能。相较于对性别的考虑，家族企业的创始人应关注开发继任者的身份认同感。具体来说，Stavrou 和 Swiercz（1998）建议家族继承人在探索自己的能力和发现自己的兴趣之前，不应该加入家族企业。只有当他们了解到他们的能力或爱好和目标时，才能使他们在家族企业的继任中找到一个令他们满意的职业选择。

除了继承人的态度和意愿之外，对于继任前的计划阶段研究还调查了前任所有者和继任者的资源和行为，以及促进所有权转移的资源和行为。对于前任所有者来说，他们在继承过程中所扮演的角色，以及他们对继任者能力的信任和充分放手的决心很重要（Cadieux，2007；Hoang & Gimeno，2010）。基于资源的视角，Cabrera - Suarez，De Saa - Perez 和 Garcia - Almeida（2001）讨论了接班人从前任那里获得关键知识和技能的重要性，这些资源为提高组织绩效提供了保证。Handler（1991）的研究强调在位者领导与继任者之间的人际关系对所有权转移是至关重要的。Chrisman，Chua 和 Sharma（1998）建议对历史悠久的家族企业来说，在继承计划中考虑继承的完整性和承诺是必要的，而继任者出生顺序和性别已不再重要，这打破了旧有人们普遍持有的观念，即第一出生的男性是家族企业的既定继承人。另一项专门研究女性成功经营企业的研究强调，家族内部的沟通和人际关系的信任对于成功的所有权转移是至关重要的（Cadieux et al.，2002）。总而言之，这组研究强调了理解潜在继任者的动机，考虑前任和继任的关系的重要性，强调了家族继承的替代选择，社会心理因素和早期促使家族企业开始实施所有权继承计划的重要性。

家族企业中的隐性知识是家族企业的战略性资产，能产生比非家族企业更有效地发展的能力（Cabrera - Suarez et al.，2001）。此外，基于家族的长期目标（Chrisman et al.，1998），家族企业在位领导人在培训和开发继任者的能力的过程中，会经常调整他们的领导风格（Cadieux，2007），这个过程为继任者提供了更深入了解实际业务的可能，降低了继任者失败的风险，减轻对继承者加入企业是基于便利的印象（Cabrera - Suarez，2005）。

（二）准备继任阶段

第二类对个体水平的研究集中在准备继任阶段。大量的证据表明，如果有一个充分设计的计划，那么成功继任的可能性就会增加（Sharma，Chrisman，Pablo & Chua，2001）。Goldberg 和 Wooldridge（1993）的研究显示，家族企业家主表现出对继任者的信任和让继任者自主管理，对有效的继任很重要，这创造了将前辈的能力传递给继任者的一个良好的环境。除了研究探讨继承规划的价值外，文献的回顾还确定了几项研究，这些研究探讨了群体之间的关系和影响准备继任阶段的情境。

一些理论研究模型被开发出来用以解释代际传承应如何被计划和管理。Longenecker 和 Schoen（1978）提出了一个继承的理论框架，该框架强调了潜在的接班人成为家族企业的全职员工进入到企业，领导职位转变的成功的过程的复杂性。Sharma 等（2001）提出了一个继任规划的概念模型，该模型整合了几个不同的理论框架，如代理理论和利益相关者理论。该模型在 Sharma 等（2003）的研究中进行了测试，结果表明，家族企业对继承过程的满意程度受到前任所有者的辞职意愿、接班人的接班意愿、积极的准备继任阶段、家族成员的协议和参与业务的关键非家族成员管理者等因素的影响。这些研究似乎达成了一种共识，即积极的准备规划与所有权继承的最终成功有关。有序的准备有助于提高前任和继任者的自我效能感（De Noble，Ehrlich & Singh，2007）。

实践表明家族企业中的继任计划被视为长期的社会化过程，这就意味着必须认识到家族成员的准备继承阶段既能提高成功的代际又能增强后续组织在经济绩效方面的表现（Sharma et al.，2001）。认识到家族企业世代之间的共同愿景是有意义的，前任和继任在企业的目标上必须达成一致，现任和其他家族企业管理者必须在准备继承阶段对涉及的活动及有关的成本进行如实的评估（Westin，2003）。Sharma 和同事（2003）认为继承大多是被过程驱动，而不是结果。一般来说，继任准备阶段必须将家族信托基金的存在正式化，而不是必须通过继承来维持家族企业。

家族关系对于继任准备的重要性被多次强调（Handler，1991），表明家族关系可能会调节其他继任计划有关的因素（Lansberg & Astrachan，1994）。与非家族企业成员的关系也被认为是很重要的。Seymour（1993）调查了 105 家美国企业的前任和潜在接班人之间的代际关系，发现继任准备与接班人的培训有关，而不是正式的继任计划。Sharma，Chrisman 和 Chua（2003）调查了 118 家加拿大家族企业，发现对继承者的积极主动的信任是推动所有权继承过程中压倒性的决定因素。Fiegener，Brown，Prince 和 File（1996）研究了家族和非家族企业之间不同的准备过程，非家族企业的领导人往往会为继任者准备“高管研讨会”和“全球视野课程”，而家族企业领导人倾向于实施“与客户和供应商的关系管理”和“管理大型项目”等强调实战经验的训练。显然，这两个方面的规划都同样重要，成功的继任计划需要继任者对业务和整体业务流程的了解。

对传承规划方面的研究还包括情境因素，如继承人或前任的性别、企业规模、职业化程度以及文化背景。Harveston，Davis 和 Lyden（1997）研究了美国 792 家男性主导的家族企业和 191 家女性主导的家族企业，发现了性别在继承计划决定因素方面的相似性和差异性。Motwani，Levenburg，Schwarz 和 Blankson（2006）调查了美国 368 家中小企业，发现无论企业规模大小，对继任者的身份的认同和为他们提供培训指导是很重要的一项规划步骤。Chittoor 和 Das（2007）通过比较案例研究讨论了非家族成员和家族企业成员的继任计划存在潜在的差异。Peay 和Dyer Jr（1989）调查了 79 位美国企业家的心理特征与接班人计划的关系，发现他们的权力导向和低水平职业化可能影响继任规划。一些研究将文化背景作为规划过程中的一种区分因素。Fahed – Sreih 和 Djoundouriani（2006）研究了 114 家黎巴嫩家族企业的继任计划，强调了女性作为潜在继任者的接受程度。Tatoglu，Kulai 和 Glaister（2008）对 408 家土耳其企业的继任准备进行了研究，结果显示，这些企业主要考虑继任者为男性。总而言之，这组研究表明，准备继任阶段与最终的继承成功紧密相关，也对家族企业中所有权和其他专业化管理方面产生影响。

管理人员需要考虑到继承准备的情境方面的重要性，即促成成功继承的条件是什么，当缺乏适当的继任准备和缺乏及时的专业化管理时，不可避免地会导致继承的失败。事实上，无论企业的规模如何，家族企业都需要制定一个正式的继任计划。Motwani 等（2006）的研究显示，一方面，对于那些必须管理和指导前任留下的企业和环境的继任者来说，授权的能力被认为是一项重要的技能；另一方面，家族企业家的在位者必须开展继承计划，以确保创造一个权力委托的合适的业务环境（Tatoglu et al.，2008）。

（三）继承管理阶段

在继承过程中家族成员之间的关系、是内部继承还是外部继承、前任和继任者之间的关系，这些事务都会在接班时对企业产生影响。

1. 家族成员之间关系

家族成员的关系与继承的结果密切相关。Dunn（1999）分析了3家英国家族企业在将所有权转移到下一代的过程中家族关系的性质和影响，并强调了减轻家族成员焦虑的重要性。相关研究关注了CEO配偶的潜在影响（Poza & Messer，2001），或他们的子女与继承人之间的关系（Kaslow，1998；Swagger，1991；Vera & Dean，2005）。一个不明朗的局势可能会使继任者感到沮丧。如果现任者在继承问题上对继任者干预的多，视角的差异可能会导致继任者的不满（Brun de Pontet，Wrosch & Gagne，2007）。家族企业中几代人之间的冲突和分歧是家族企业面临的最具破坏性的力量（harvey & evans，1994）。这些问题可能与父母的遗产规划的模糊性有关，这些遗产规划没有清晰地传达到下一代，基于性别或兄弟地位或不现实的领导继承标准使得家族成员的角色、兴趣和才能与他们的角色不匹配，职业发展不明确或仅是父母的一时冲动的决定（Swagger，1991）。

2. 内部和外部的继承

家族企业的转移涉及两种选择：内部转移到另一个家族成员或转移到外部所有者身上。这是非常重要的决定，家族企业的存续通常取决于家族是否同意并设法在家族内部进行所有权或是管理权的转移（Wennberg，Wiklund，DeTienne et al.，2010）。虽然这一问题在文献中得到了广泛的关注，但实证研究是由案例研究和简单的描述性数据所主导的。此外，大多数研究似乎集中在继承的管理方面，而不是所有权（Ambrose，1983）。De Massis，Chua 和 Chrisman（2008）提出了一个理论模型来研究阻碍家族内部继承的因素。在对家族内部继承问题的研究中，Lambrecht（2005）对 10 家美国企业进行了调查，研究结果显示为了在执行内部转移上达成一致，选择家族成员继任需要在家族中扎根很长一段时间。

另一项针对 6 家美国企业的研究表明，成功的家族继承的管理涉及亲子关系、知识获取、长期定位、合作、继任者角色和风险评估。Handler（1992）研究了美国家族企业的 32 位内部继承人发现，继承的完成与整体的能力影响了企业的整体发展。最后，Royer，Simons，Boyd 和 Rafferty（2008）分析了在澳大利亚和坦桑尼亚的 1108 家家族企业的内部转移的动机，研究发现，隐性知识存在于家族之中，以及存在良好的转移氛围。其中包括协调和激励手段的所有社会文化和技术因素。而专注于外部继承的研究中，Churchill 和 Hatten（1997）讨论了家族中的市场和非市场因素，而不是外部继承。Correll（1989）描述了一家美国家族企业的演化过程，讨论了继承的机会和决策的关键点。Howorth，Westhead 和 Wright（2004）分析了 8 家英国家族企业外部继承的路径，探讨了管理层收购的替代方案。类似地，Thomas（2002）在研究了 2 家外部所有权转让的澳大利亚家族企业后发现，家族成员寻求实现资本的时间和寻求保留对其遗产控制权的时间范围是非常不同的。

De Massis 和同事（2008）的研究认为，选择外部的继任者的直接原因是缺乏继任者，缺乏主动性潜在继任者，前任个人对业务的依赖，父母辈们和他们的孩子之间存在冲突不和是选择外部继任者最重要的因素。Royer 等（2008）认为如果家族企业特有的经验知识是高度隐性的，那么家族成员应该是家族企业继承的首选。此外，Wennberg，Wiklund 和 Hellerstedt Nordqvis（2011）表明，家族更倾向于出售企业的“不确定”的结果，外部所有者愿意接受这种潜在的长期财务业绩的不确定性，而对于这种不确定性会导致家族企业不愿冒内部继任的险，这突显了家族企业管理者需要决定他们的焦点是确保企业的最佳经济表现还是长期生存的要求。

3. 前任和继任者的关系

继任的管理阶段通常包括在位者和继任者对企业的控制权的交接。handler（1990）采用了一个框架，强调继承是企业家和下一代家族成员之间角色的相互调整。Matthews，Moore 和 Fialko（1990）提出了一个类似的继承模型，包括父（领导者）和子（继承者）通过认知分类的过程来评估彼此的过程。同样，Fox，Nilakant 和 Hamilton（1996）在在位者的和继任者的关系间增加了两个维度：与业务相关的和与利益相关者相关的。构建了一个框架强调了继承关系的管理体系。Murray（2003）追踪了 5 家美国企业，并强调了代际中的过渡期需要解决的不同问题，以确保企业长期的发展。总而言之，这组研究尽管大部分都是概念性的，但强调了继承的互动的本质。

这些研究表明家族企业继承可以被概念化为在位者和下一代家族成员之间的相互作用的调整（Handler，1990）。成功的角色调整有助于制定促进组织过渡的有效政策，通过诊断继承中可能出现的情境，从而减少问题的出现。为了支持这一进程，可以通过几个任务来促进继承：首先，促进在位者适当的个人发展，特别是朝向社会而非个人权力的方向。其次，规划继任者进入企业管理的最佳时机。再次，启动现任者和继任者之间的建设性对话，特别是在父子关系可能变得紧张的情况下。最后，促进关键利益相关者的建设性参与，使继任者能够被客观地评估管理绩效（Fox et al.，1996）。

（四）继承后阶段

在继任后阶段对企业的影响的研究中，Venter，Boshoff 和 Maas（2005）研究了 332 家在南非的家族企业，显示了继承人和在位者之间的关系，解释了满意的接班过程对持续盈利的影响。文献中很少提及继承中企业破产的风险，Dyck，Mauws，Strake 和 Mischke（2002）研究了在美国出现的一个失败的内部继承案例，单案例很难归纳出失败的原因是什么。总体而言，现有文献突出了继承在家族企业中家族的互动和长期性质。

综上研究可以归纳以下重要观点：第一，直接影响继任成功的是在位者与继任者之间在时间、协议和进程中的沟通（Dyck et al.，2002）。第二，继任者的接管业务意愿，继任者的准备水平，以及继任者和经理之间的关系直接影响企业的持续盈利能力（Venter et al.，2005）。第三，家族企业强烈的家族企业文化可以避免在位者与继任者在企业发展看法上的不一致，减少对继任产生的不利影响，从而确保企业的生存机会（Haveman & Khaire，2004）。家族企业的在位者和继任者们应该考虑到：①老一辈和继任者之间的共同信念；②继承人的年龄和经验；③继承后家族企业的老一辈的参与程度（Harvey & Evans，1995）。

四、多层次研究

Davis 和 Harveston（1998）调查了 1616 家美国家族企业，并发现了有助于解释继任规划成功的个体层面、群体层面和企业层面的因素。但研究因没有采用跨层次的研究分析方法，所以结论可能只是试探性的。理论的多层次研究，如 Handler、Kram（1998）和 Lansberg（1988），讨论了不同层次的力量如何对继承产生影响。Handler 和 Kram（1998）提出了四个层次的重要性：①通过社会心理的视角来看待个人观点；②群体维度，将家族关系与家族企业关系区分开来；③家族企业文化和企业发展的视角；④环境层次，借鉴民族文化理论和组织生态学，对可能干扰继承过程的因素进行理论分析。Lansberg（1988）概述了一个多层次的利益相关者视角，其中包括家族企业管理者和家族企业所有者，以及环境。他指出，通过前任、家族成员和企业管理者合力可促进家族企业成功的继任。

多层次类中的研究文献主要集中在与继承过程相关的情境和代理关系上，这表明家族企业中家族成员与非家族成员之间存在潜在的相互作用，会对继任计划的实施产生影响。这一研究说明了对企业继承的分析中涉及多层次的影响。这些多层次的研究文献也为实践者提供了重要的建议。Davis 和 Harveston（1998）认识到，参与有效的继任计划的努力将受到不同层次的因素影响，表明了家族企业的管理者以及潜在的继任者都需要跳出固有的视角来审视更多的影响因素。Handler 和 Kram（1998）也认同此观点。对于实践者来说，这种多层次的观点是非常重要的，因为不同层级的利益相关者对继承的抵制是导致家族企业继承失败的一个关键原因。

对继承问题的案例研究分为三个主要领域：继承的主题，如管理权或所有权转移；继承的情境；所采用的方法和研究设计。后两者与继承的多层次性质有关，显示了研究人员需要关注更多的多层次的研究，以提高对家族企业继承现象以及其他相关领域，如创业、战略和组织行为与继承的关系等的理解。

五、家族企业继承的动态性

（一）管理所有权转移

大多数的研究都集中在管理上的继承，只有少量的文献探讨了所有权转移问题（Churchill & Hatten，1997；Gersick，Lansberg，Desjardins & Dunn，1999；Handler，1994）。尽管两者存在着一些差异，但大部分的文献就管理和所有权的继承并没有表现明显的区别，这可能存在知识层面上的认识不足。研究人员就继承问题似乎是在管理层面上讨论的，而所有权继承问题通常被视为一个法律问题（Bjuggren & Sund，2002；Howorth et al.，2004；McCollom，1992）。所有权和管理继承的共存是一个需要更多关注的话题，以便从多层次的角度更好地理解继承过程的复杂性。群体层面的研究可以发现家族关系如何影响所有权继承（Dunn，1999；Kaslow，1998），研究所有权和继承之间的交叉点是稀少的，例如，研究战略、市场和企业家导向的潜力如何在继承中得以维持。对文献的回顾和分析表明，有关家族特征对所有制转型的影响及其对战略选择、财务绩效和生存之间影响的研究还很稀少。

（二）继承的情境

继承的情境被认为是影响家族企业所有权转移因素和管理过程中所受到的经济、人口或制度因素的影响。文献回顾表明，绝大多数研究对于企业继承的情境的关注度不够，大多数实证研究都是由单一区域或单一行业研究组成的，或是主要研究继承问题（Berenbeim，1990；Chau，1991；Corbetta & Montemerlo，1999；Scholes et al.，2007；Sharma & Rao，2000；Stavrou，1998），不同国家背景对于所有权继承的演变是重要的，尤其是在企业治理体制（Tylecote & Visintin，2008），企业人口特征（Motwani et al.，2006）和文化体制因素的影响下（Chau，1991；Kuratko et al.，1993）。现有的大多数研究集中于制造业或是某一行业，这显示了对情境研究的不足，缺乏对不同国家经济、人口、制度或是文化背景对继承过程及其对组织结果影响不同的情境考虑。

时间的推移和空间的变化对个人和企业产生影响，如行业、地区、国家或其他制度的影响。缺乏对情境的关注可能是由于缺乏研究设计的数据、时间和资源。但继承研究可以从关注更多的情境中获益。经济因素可能影响企业的继任，由于最近全球经济低迷，缺乏外部资金进行资金转移、人口方面表现为老龄化地区的企业的继承，考虑外来者，可能会更成功地转型或成功继承。制度方面也可能对继承过程产生影响，因为所有权转让的高税收可能导致家族采用外部交接企业（Henrekson，2005）。

（三）继承对企业层面结果的影响

在文献回顾中研究人员发现，很少有研究比较家族与非家族成员接管对企业战略或组织发展的影响。如果一个家族成员接管了企业的所有权，那么该企业会如何受到影响，以及外部接管对于家族企业的组织行为和战略管理的影响有何不同（Astrachan，2010；Dyer Jr. & Handler，1994；Sharma，2004）。最近有证据表明，被外人接管的企业在财务上比留在家族内的企业更好（Bennedsen，Nielsen，Perez－Gonzalez & Wolfenzon，2007；Cucculelli & Micucci，2008）。事实上，新的所有者可以带来更多的资源，并将创业的精力注入一个已经成立的企业中（Nordqvist & Melin，2010）。然而研究受到了几个方法论的挑战，研究人员将家族与外部继承的影响隔离在企业层面之外。例如，研究人员经常认为家族人员对企业的发展具有长期导向（James，1999；Lumpkin，1999；Lumokin，Brigham & Moss，2010）。而“代际继承”是家族企业中最长期的结果，但继任过程的绩效与继任时的绩效太过于接近，而且显然继任中的绩效与企业发展中期和长期绩效的概念都不同（Wennberg et al.，2011）。现有的研究并没有超越一个单一的视角，来研究人口、社会或其他因素对于继任的影响。

（四）宏观经济层面上所有权转移的影响

越来越多研究关注了在经济、文化等宏观层面上如何导致家族企业的变化（Carree & Thurik，2003；Van Praag & Vcrsloot，2007）。从经济层面的角度来看，许多家族企业倒闭而没有成功地进行所有权转移。很少有研究寻求这些问题的答案。未来迫切需要更多的研究来探讨在什么条件下企业可能会转移所有权，而不是关闭。De Tienne（2010）的研究显示，2006年的前六个月，美国私人控股企业的财富转移的保守估计为1000亿美元。家族所有者和管理者之间发生了如此大规模的变化，对社会和经济的影响显而易见，但人们对这种企业所有权转变如何对经济发展产生影响知之甚少（Mason & Harrison，2006）。这一研究领域的缺乏意味着对家族企业继承所产生的更广泛的经济结果和社会结果涉及较少。

第四节　讨论与展望

关于家族企业继承的文献常常被认为是零碎的，因为它涵盖了各种各样的主题（Le breton - Miller & Steier，2004）。在实证研究设计和方法论方面，该领域也是支离破碎的。最重要的是，30%的已发表的研究是理论或概念上的贡献，而在实证文章中，明显缺乏纵向研究。因此，需要更复杂的方法来解释企业、家族和各个方面对继承产生的影响，以便从理论和定性的文献中归纳出假设。

面对继承，实践者必须考虑这个过程的真正本质。继承是一个多层次的过程，具有个体、群体和组织以及环境层面的影响。继承代表了代际家族关系和企业发展的综合问题。继承是现任者、继承人在企业生命周期的重要体现。之前通过对研究文献的整理，显示出了五个重要问题，这些问题也是家族企业领导者需要关注的。

第一，家族企业文化的传承。文化代表着家族的根基，家族所有者的隐性知识，可以转移给家族继承人（Cabrera - Suarez et al.，2001）。两代人之间高度共享的信念有利于企业的生存（Harvey & Evans，1995）。沟通的质量会对家族成员之间的信任产生重要影响。这些是决定成功继承的重要因素（Cadicux et al.，2002）。继承必须被看作是一个家族成员和利益相关者之间的长期的社会化过程（Longenecker & Schoen，1978），所以，成功的继承意味着家族企业中的几代人和关键的利益相关者之间建立了共同的愿景。

第二，家族成员和潜在的非家族继承人的人力资本开发。继承人必须发掘自己的能力和发展对接管企业的兴趣（Stavrou & Swiercz，1998）。只有通过了解个人能力、兴趣和目标才能做出正确的选择（Stavrou，1999）。而且，关键利益相关者对继任者的准备工作的支持也是重要的（Fox et al.，1996）。沟通可以确定清晰的立场，一个不清楚的立场可能会导致继任者和关键利益相关者之间的分歧，使继承者遭受挫败。在位者与继任者的沟通有助于传承过程中的计划的落地，对家族成员的培训有助于继承者对家族企业业务的了解和掌握（Cadieux，2007）。

第三，家族成员接管企业或是离开企业意愿态度的重要性（Dumas et al.，1995）。企业继任计划必须与家族期望一致，同时要考虑与下一代家族成员的能力相平衡（Galiano & Vinturella，1995）。与继承紧密相关的是承诺。承诺是通过文化和交流而形成和加强的。成为企业的一分子，渴望为企业的成功做出贡献的感觉是成功接班人的基本特征。事实上，若继承者没有接管意愿可能无法为企业和家族的最佳利益做出对的决策（Chrisman et al.，1998）。

第四，正式的继承的规划。这方面的重要性是众所周知的，特别是缺乏适当的计划和及时的管理，被普遍认为是继任过程中的阻碍因素。对于家族企业来说，制定一个正式的继任计划是至关重要的，不管企业规模如何（Motwani et al.，2006）。规划是一个关键因素，有利于树立继承人的自信心和增加自主管理的能力（Goldberg & Wooldridge，1993）。在这个过程中有必要平衡现任和继任的角色。继承的概念也可以整合为一个调整现有和新一代家族成员之间相互作用的关系（Handler，1990），即加强继任者的力量和减少老一辈在后续家族企业事务过程中的参与度（Harvey & Evans，1995）。

第五，继承的时间表。如果继承的时间表没有准备和受到重视，任何承继的过程都会有失败的风险。重视权杖交接的时间是增强继承者继承意愿和承诺的关键因素（Brun de Pontet et al.，2007）。现任与继任者的沟通和讨论会产生一个协议，涉及现任、继承者、家族成员和关键利益相关人员，事实上，家族世代之间的冲突代表了家族企业中最具破坏力的因素（Larvey & Evans，1994）。协议不仅在家族成员间形成，也会在不同的利益相关人员之间形成，对协议的抵制会给继承和企业发展带来失败（Handler & Kram，1988）。因此，权杖交接的时间表被认为是有效继任的关键。

对家族企业继承问题的研究的文献回顾表明，大多数先前的研究都是基于某一地区的数据，或者是基于小样本的企业继承的微观研究，再或者是一些说明性的案例。所以也就很难得出一般性结论，所以可以得出更普遍结论的研究设计显得迫切和必要了。

基于对文献的回顾和梳理，以下几点是未来研究需要关注的领域：第一，在以往的研究中，关于所有权转移的议题值得更多的关注，因为之前的研究大多是基于管理继承的研究。通过更多地关注所有权对继承过程和继承结果的作用和影响，以弥补这方面研究的不足。第二，与继承过程的多层次性质有关的论证需要在继承的研究设计中体现出来，特别是在定量研究中。第三，由于文献综述表明这些过程可能是由情境决定的，在文献中近50%的实证研究的样本在美国，而10%的研究集中在加拿大或英国。因此未来的研究需要将地方和区域的情境纳入所有权转换和继承的研究中。综上所述，虽然家族企业的继承问题已经引起了大量的研究关注，但仍有大量的机会从理论上、概念上和方法上创新来推进关于代际传承的研究。

第八章

PART 8

家族企业的社会经济影响

随着对家族企业研究的不断增加，随之而来的一个问题是家族企业作为一种组织形式的有效性一直备受争议，一方面人们认为家族企业是低效的代名词，但另一方面，家族企业在全球的流行程度和影响力在逐渐增强。探讨家族企业对社会经济的影响，有助于提高对家族企业对社会和经济贡献的理解。更具体地说，现有的研究文献如何能让我们了解家族企业的有效性，以及现存的知识和理解中存在的差距是什么，其中包含了创业创新、社会资本的转移、监管商业环境以及经济贡献等结果变量。研究人员在文献回顾中提炼出一些与这些结果类别相关的关键发现和研究不足之处，有助于了解当前这些重要成果的研究状况，以及它们与家族企业绩效结果之间的关系。

第一节 社会经济影响的类别

一、创业创新

创业创新包括创业导向、战略的持续性、创新、创业风险、家族性、创业导向的家族和企业领导的未来感知。总体而言，许多文献都通过这些变量来探索家族企业是否创新。家族企业创新受到当今的商业环境的影响，受到日益动态的和不确定的竞争环境的驱动（Hamel，2000）。面对迅速增长的全球经济和技术变革的压力，家族企业发现识别和利用环境中的机会进行创业创新是必要的。

家族企业是经济发展和增长的重要源泉。这些企业通过产品、过程和服务创新创造价值，促进经济增长并带来繁荣。家族企业所有权的长期性质保证了他们投入创新和风险承担所需的资源，从而促进创业创新。此外，家族企业特有的亲属关系被认为对创业创新机会的识别有积极作用（Barney，Clark & Alvarez，2003）。家族企业主也明白，家族企业的生存依赖于他们进入新市场和拓展市场的能力、在现有业务的基础上创造新业务的能力。创业创新活动提高了家族企业产品的独特性，提高了他们的营利性生长（Zahra，2003）。因此，家族企业积极和主动地从事创业创新活动是很重要的。

然而，家族企业的某些特征可能也会抑制创业创新活动。随着时间的推移，一些家族企业变得保守，不愿或无法承担相关的创业创新风险（Autio & Mustakallio，2003）。家族企业的创始人希望建立一份持久的财富，可能会变得倾向于采用更加保守的决策，以避免面对创业创新失败带来的高风险，及家族财富缩水的风险。同时由于组织文化被定义为塑造企业特征和如何适应外部环境的持久的价值观，因此，家族企业的企业文化中体现的信念、愿望、历史和自我的概念，可能会影响企业的资源配置和开展的企业活动，促使家族企业选择保守的策略。

有研究认为，家族企业往往比非家族企业更保守，更不具创业创新精神。在不断上升的环境压力下，研究者试图研究哪些因素促进或阻碍了家族企业的创业创新活动。目前，研究显示有些家族企业比非家族企业更具有创业创新精神，但没有明确显示家族企业是否比非家族企业表现出更多的创业创新行为。家族企业的某些特征可能有点与众不同，而这些特征可能对创业创新活动产生积极或消极影响。Eddleston和 Kellermanns（2013）将企业创业创新的概念定义为旨在重塑企业经营方法的企业活动，包括产品或过程创新、研发和进入新市场，他们的研究发现识别新技术的机会能力、接受组织变革和战略规划的使用有助于寻求发展机会增加家族企业的创业创新行为。家族企业经常被批评为过于保守或是抗拒改变，事实上家族企业对于机会和风险的评估更加谨慎。未来的研究可探讨家族企业创业创新的意愿是如何被调动的，以及它是如何影响家族企业绩效的。

Zahra 等（2004）提出，文化维度对家族企业比非家族企业的创业创新有更大的影响。家族企业往往有着难以模仿的独特文化，因此可能会赋予其战略优势。从企业长期的发展来看，他们发现顾客导向、授权的文化维度，与企业的创业创新行为有着积极地相关性。他们的结论是，家族企业的独特文化是有利的，在促进家族企业的创业创新行为方面发挥着特别重要的作用。未来的研究应该进一步厘清家族企业文化的哪些维度与创业创新行为具有正相关性。

Hall（2001）认为，具有明确和开放的文化的家族企业将会更好地应对外界变化的不确定性和速度，这是新竞争格局的特征，家族企业不应该被定性为一成不变、抵制改革和维持传统的，恰恰相反，家族企业应通过改革其文化模式主动地鼓励创业创新行为，并保持战略、结构和文化三者的和谐。创业创新是激进的，这意味着家族企业文化和主要战略思维方式的变化，领导力也往往会以一种新的方式重建。在任何一个家族企业中，激进的变革都是一个艰难的过程。而且，变革在家族企业中可能比在其他组织中受到更强烈地抵制，因为与变革相关的阻碍因素可能比非家族企业更复杂。

Hall（2001）不仅强调了家族企业文化对家族企业的创业创新的重要性，而且也述及了在家族企业的创业创新过程中关键角色。Litz 和 Kleysen（2001）研究了家族的涉入如何影响家族企业的发展，分析了家族企业中创业创新面临的更广泛的问题。Litz 和 Kleysen（2001）提供了家族企业创业创新的定义，以区别于普遍的创业创新，称家族企业创业创新是有意创造或引入新的流程，或由家族企业成员的自主和互相努力产生的新产品。他们强调，家族企业创新的关键变量是家族成员之间的相互作用，在家族成员间产生协作，从而才有创业创新的成果。他们认为，年轻一代的家族成员的责任在于发挥他们的创新潜力。正如之前所讨论的那样，家族企业文化的整体性可能在家族企业的创业创新中扮演着重要的角色。研究人员在观察家族之间的差异对创业创新的影响时，发现成功的创业创新家族企业都很善于解决家族关系与企业创业创新行为之间的关系，特别是家族企业文化对创业创新的支持。这表明了家族企业管理者需对他们的家族企业文化进行评估，哪些家族企业文化的维度阻碍了创业创新？家族企业文化氛围是否会对创业创新产生影响？家族企业文化和家族企业的创业创新是紧密相连的，但这种关系的本质是复杂的。

Zahra（2005）探讨了可能影响家族企业创业创新风险的因素，通过对多种创业创新活动的研究，其发现更高级别的家族成员和更多的代际参与企业促进了创业创新行为。另一方面，家族企业的不同特征可能会对创业创新方向产生不同的影响，如长期在位的首席执行官会抑制企业家的冒险行为。Craig 和 Moores（2006）通过创新的结果考察了家族企业的创业创新行为，他们的研究提供了一种不多的纵向研究来观察家族企业如何建立创业创新行为，在他们的家族企业样本中，那些面临更大的环境不确定性的家族企业具有更高的创业创新水平；具有更少的形式化和更多的分权的家族企业，具有更高的创新实践和创新战略。已成形的家族企业通过改变其创业创新方法和某些创业创新驱动因素来适应环境压力，尤其是在那些被认为更具有创业创新性的行业中，如高科技行业。因此，家族在提高创业创新能力方面发挥着关键的作用，尤其是家族纽带和亲属关系产生的网络，进一步减少了创业创新不确定性，获得了关键资源和发展机会。

二、家族性和社会资本的转移

在家族企业文献中，大部分研究都是由家族企业是否优于非家族企业的绩效问题引发的。为了解决这个问题，越来越多的研究关注的是潜在的资源，这些资源被称为家族性，是家族企业特有的，并且有可能带来比非家族企业更好的竞争优势。家族性中与外界关联最强的是社会资本，它是由信任程度决定的，以及在一个群体中形成相互互惠作用。更大的社会资本可以促进信息和隐性知识的分享（Marsh & Stock，2006），并在竞争环境中成功地利用这一知识取胜。

Granovetter（2005）提出了的“嵌入说”理论（Embedded Perspective），社会关系总是渗透于各个经济组织中，经济组织及其经济行为是嵌入在社会关系所构成的网络中并受其限定的。在这些社会关系网络中蕴藏着社会资本（林南，2005）。这些社会资本对家族企业的经营绩效产生正向显著的影响（涂玉龙，2012）。企业的社会资本理论强调了企业不是孤立行动的个体，而是与经济领域的各个方面发生种种联系的企业网络上的关节，企业可以从网络中摄取稀缺资源（边燕杰，2000）。Fei 和 Hamilton（1992）指出中国的家族企业通过一系列随着时间地点的变化而扩张或收缩的联系而表现出来。

社会资本的转移包括：家族企业网络与企业间的合作，社会资本的社会化过程和模式，社会资本的转移和管理，代际中家族成员的持续的参与社会资本转移。这项研究的实证结果表明，企业间的合作是促使家族企业和家族企业主创新的动力。Steier（2001）将社会资本作为一种嵌入在关系中的资源，会强化家族企业的创业创新行为，并建议未来的研究应该探索社会资本对继承过程的影响和在这过程中资本是如何转移的。Boyd，Upton 和 Wircenski（1999）对 76 家家族企业的高管进行了调查，以确定他们在社会资本等家族性资源和能力方面的指导作用。社会资本通常是一种无形的资源，对家族企业来说管理和转移是很困难的，受访者根据家族成员的不同级别施以不同类型的指导。Tsang（2001）发现家族企业通常在多元化或拓展国际业务时使用干中学方法转移社会资本。基于上述的讨论，以下要点值得关注：

- 家族企业独特的关系模式促进了家族性的积累和社会资本的

转移。

• 社会资本在家族成员之间转移的方式可能会影响家族企业的发展。

• 家族企业要维持家族的社会资本和跨代转移，需要在家族成员间进行指导。

以下是一些家族企业可以做的事情：

• 定期举行家族聚会，以维持人际关系，消除情感冲突。

• 庆祝和反复讲述那些有关家族价值观的家族故事，增加家族企业文化建设。

• 为潜在的继承人提供学习企业业务的机会，让其参与企业会议和商业活动，共同讨论家族企业如何与关键的内部和外部利益相关者保持长期的关系。

三、经济贡献

经济贡献结果包括家族企业的普遍程度和对经济的影响。在该研究中，有几篇文献试图系统地确定家族企业的数量和比例，通常这类研究的动机是为了证实更多的关于对家族企业所占比例的估算，并由此呼吁人们将家族企业作为主导地位的一种组织形式。

家族企业是普遍的组织形式，提供了许多社会和经济贡献。美国学者克林·盖尔西克认为“即使最保守的估计也认为家庭所有或经营的企业在全世界企业中占65%～80%。世界500强企业中有40%由家庭所有或经营”。在荷兰的所有企业中有83%是家族企业，荷兰的家族企业创造了59%～68%的就业机会，占总就业人数的39%～46%，家族企业的贡献占荷兰国内生产总值的54%，这些结果与美国家族企业的情况相当接近。中国90%以上的私营企业为家族所有。根据中国国家工商行政管理总局的统计，截止到2008年底，在大陆登记注册的私营企业达到654.42万户，对GDP的贡献率超过60%，对税收的贡献率超过

50%，提供了近70%的进出口贸易额，创造了80%左右的城镇就业岗位，吸纳了50%以上的国有企业下岗人员、70%以上新增就业人员、70%以上农村转移劳动力。

这表明家族企业的普遍性和家族企业的影响力是一个全球性的现象。虽然我们看到，家族经营的普遍性和对经济影响是重要的，但这些影响并没有在研究文献中得到系统的描述。虽然家族企业可能对员工高度忠诚，并对所在地区的发展产生了积极影响。然而，目前还没有对这些影响的程度展开研究。因此，家族企业对各地的经济所产生的重要影响可能被忽视或低估。家族企业应从以下方面努力提升影响力：

- 让家族成员了解经济贡献。谈论总体利润、员工人数以及产品和服务对顾客的影响。
- 让家族成员参与慈善活动，并承认自己是一个家族企业。
- 多与其他家族企业谈论共同的问题，家族企业可以彼此学习并从其他家族企业的经验中学习如何处理具有家族企业独特性的问题。

四、监管的商业环境

监管商业环境的结果变量包括家族企业所处环境的变化，在恶劣环境中的家族企业生存策略和家族企业在行业中的支配地位。Chrisman，Chua 和 Steier（2002）检测了文化是如何对企业家们所在的商业环境产生影响的。通过对国家间的比较研究，他们发现，在一个国家中，家族企业的普遍性会受到所处商业环境的影响。这种商业环境被认为对家族企业的结果是负面的（政府监管、获得资本、劳动力技术等）。Chrisman 等（2002）认为从实践的角度来看，企业家和管理者应该明白，在产业或区域中，人们对家族企业的观念会影响到家族企业和非家族企业的比例，甚至影响到顾客、供应商的态度和竞争的动态。

Dyer 和 Mortensen（2005）研究了家族企业和非家族企业面对恶劣环境时的生存策略。虽然基于一个小样本，但结果表明，家族企业基于他们的能力，利用家族性资源并发展成更广泛的网络关系，有助于家族企业生存。高比例的家族企业的国家具有的一个共同点是，具有稳定的商业环境和有保护私有财产的政策。

Maury（2005）从调查的私有家族企业中了解家族企业管理者对他们企业面临的最重要问题的看法，基于20个潜在问题的清单，企业税被大量的受访者列为是最重要的问题。尽管家族问题受到了一些家族成员的关注，但家族企业仍在努力解决更基本的问题，比如盈利能力和经济增长。家族企业尽管有其独特的家族特征，但仍然是企业，他们最终会像所有企业一样追求盈利和生存。然而，特定的法律和税收问题可能会对家族企业产生重大影响，尤其是家族企业所面临的遗产税问题。家族企业所有者可能进入有助于他们生存和壮大的法律法规的国家。同时值得注意的是，西方社会流行家族信托基金托管制度，原因之一就是遗产税高昂，若在家族企业主去世前将名下财产先行转移到家族信托基金中，可免被征收遗产税，如洛克菲勒家族、杜邦家族、沃尔玛家族等名门望族，即便是在数百年动荡中，也依然能实现家族财富的传承，并日益富足，这无不得益于家族信托的保障与支撑。对于拥有高资产的家族企业主而言，家族信托的信息保密功能好，满足了他们对财富及家庭隐私的保密诉求。尽管我国仍有大部分信托企业和银行并未正式推出家族信托这一业务，但研究者纷纷开展了关于家族信托业务的研究，可以预见的是未来我国金融机构将有更多的家族信托产品陆续推出。

第二节　讨论与展望

家族企业的创业创新在家族企业中的作用，强调了改变信念和文化意愿在促进家族企业创业创新行为中的关键作用（Hall，2001；Kellermanns & Eddleston，2006）。Hall（2001）认为为了支持创业创新，家族企业管理者需要设定一个高阶的学习过程，使旧的文化模式不断受到质疑和改变。这种高阶学习被描述为组织问题的信念、思考能力和学习能力。因此。创业创新和家族性的发展，通过社会资本转移学习似乎是联系在一起的。要实现一种培养创业创新行为的文化，家族企业必须能够采取一种反映变革意愿的学习行为，并能挑战现有的文化。这种类型的学习行为很可能在家族成员间得到加强。

在新的竞争格局中的创业创新是家族企业成长的关键。因此，家族企业的普遍性和对社会经济的贡献与创业创新行为和学习密切相关。许多家族企业的生存依赖于他们采取更多创业创新行为的能力，如果不这样做，就会对家族企业产生不利影响，相反，如果家族企业能够适应环境的变化，那么它们就能生存和繁荣。家族企业的创业创新行为和未来的社会经济贡献紧密相连。通过高水平的家族性的培养和发展，可以重塑家族企业文化和促进家族的创业创新行为。家族企业独特的文化特征，对企业的创业创新行为可能产生促进也可能产生抑制作用，家族企业主若想让他们的企业有更多的创业创新行为，必须不断监测和评估家族企业文化。

家族企业的普遍性和社会经济贡献同监管他们的商业环境联系在一起。企业的一般外部环境通常是社会文化、政治法律、经济和技术的变化，这些环境因素可以极大地影响行业和企业的绩效和生存，虽然这些变化大部分过于宽泛。有利的监管商业环境可以促进家族企业的普遍性和对社会经济的影响。

Chua，Chrisman 和 Sharma（1999）表明家族企业通过追求事业的愿景主导方式，在跨越家族几代人进行可持续地管理控制。这表明，家族企业中的主导逻辑很可能与占主导地位的家族的愿景联系在一起，以维持并将业务传递给下一代。这与一家初创企业有很大的不同，初创企业的主要追求是建立一个可行的市场机会，或是一家以股东财富最大化为重点的大型上市企业，因为许多家族企业最初都是小型创业企业，他们可能一度拥有创业创新精神。然而，随着企业的成长和成熟，关键问题会发生变化。

为应对外界的变化和压力，家族企业显然需要一个新的程序，若无法忘却旧有的程序，将导致失败（Bettis & Prahalad，1995）。家族企业可能试图对现有的主导面做出相应的变革，但因家族的社会情感目标，可能会比那些非家族企业招到更强硬和更激烈的反对。Hall（2001）认对旧有程序的质疑，尤其是对战略行动者来说，意识到并能够质疑理所当然的价值是非常重要的。只有当个人质疑被视为理所当然时，规范和传统才能发生根本改变。因此，质疑理所当然的行动可以帮助组织与业务战略变化。为了进行这种质疑，行动者不仅要能够理解并将其文字纳入到文化中，而且还要鼓励质疑组织中主要的思维方式和行动模式，才有利于家族企业的创业创新。

家族企业具有普遍性，对社会经济产生了积极的影响。在这方面研究人员需进行系统的研究和记录家族企业对社会经济所产生贡献，提升家族企业在公众中的地位。同时政府制定的政策，营造的商业环境也有利于家族企业的发展，有助于鼓励和支持家族企业实现更积极的结果。

与此同时，如果家族企业要在新的竞争格局中生存和兴旺发展，就需要创业创新。家族企业文化和业务流程交织在一起，采用不断质疑和思考他们的规范和传统的创业创新导向的家族企业文化是最重要的。

第九章

PART 9

家族企业的发展与平衡

家族企业研究在数量（Debicki，Matherne，Kellermanns & Chrisman，2009；Wright & Kellermanns，2011）和质量（GomezMejia，Haynes，Nunez－Ni，Jacobson，Moyano－Fuentes，2007；Ling & Kellermans，2010；Schulze，Lubatkin，Dino & Buchholtz，2001）方面都有一个很大的提升，家族企业的产出成为家族企业研究中的一个重要课题。事实上，理解和衡量家族企业的总体结果变量将是未来家族企业研究的核心。检测这些结果可能提供洞察家族企业的独特性的依据。作为家族企业的研究人员，致力于识别家族企业研究领域的界限，确定那些与非家族企业区别开来的结果变量将变得越来越重要，如社会情感目标（Gomez－Mejia et al.，2007）。

本书将这些结果变量划分为三个不同的层面，一个是宏观层面的结果，一个是中观层面的结果，另一个是微观层面的结果，如图二所示，这个模型是家族和企业平衡与发展的整合框架。

第一节　宏观结果

家族企业是全球经济最重要的组成部分，家族企业越来越使用创业创新去培育他们的竞争优势去克服经济的衰败。前期的文献显示许多创业创新的研究在美国和西欧开展，而其他地区，如东欧、拉丁美洲、非洲、亚洲对此关注度不够。创业创新产出的类型和频繁度在这些国家中可能具有异质性。例如国家文化，集体主义文化对个人主义文化，和对

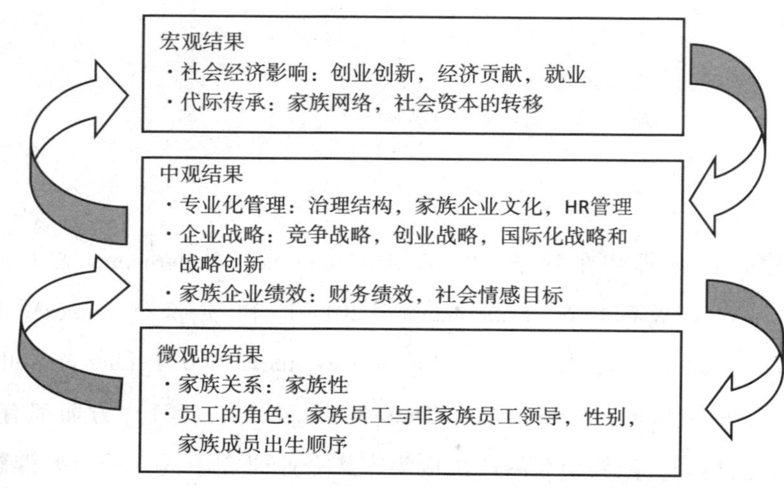

图2　家族和企业平衡与发展的整合框架

不确定性的规避，使不同地区的家族企业的创业创新产出不同。而且，创业创新行为的结果很可能在上市家族企业与非上市家族企业、中小型和大型不同规模的家族企业之间表现不同。

相比非家族企业，家族企业更愿意创造和保存家族财富（Gomez－Mejia et al.，2007）。实证显示家族企业在追求社会情感目标时，发展出了强烈地对潜在损失的控制，当开放的创业创新限制了企业通过产品创新的轨迹，这种关系可能会使家族企业与外部的合作者的合作关系变得复杂（Almirall & Casadesus－Masanell，2010），家族企业获取外部商业知识的方式很显著地区别与非家族企业。

家族企业在创业创新时具有独特的组织特征，如较低的负债率（Steijvers & Voordeckers，2009）或外部的权益融资，这将限制他们对潜在突变机会的回应（Teece，2007）。家族企业为了避免社会财富的损失可能会降低企业获取突破式创新的机会，阻碍家族企业进行昂贵的实验和激进地研发新技术的机会，因为这需要宽裕的资金，而这通常需要割让股份给外部的团体才能实现，如风险资本或是机构投资（Gomez－

Mejia，Cruz，Berrone & De Castro，2011）。

家族企业的创业创新行为，在家族企业研究中被认为是有争议的（Kellermanns & Eddleston，2006；Naldi，Nordqvist，Sjoberg & Wiklund，2007；Short，Payne，Brigham，Lumpkin & Broberg，2009）。虽然有大量的研究认为家族企业具有规避风险的特征，但也有一些证据表明家族企业更愿意承担风险，这就需要家族企业研究的新范式（Uhlaner，Kellermanns，Eddleston & Hoy，2010）。如 Gomez – Mejia 和他的同事（2007）的研究表明，家族企业在极度困难时期愿意冒险，以期保持对组织的控制。

代际传承研究是另一个核心的家族企业宏观结果，吸引了大量的关注（Debicki et al.，2009）。研究结果表明，继任者和现任者对继任程序的看法往往截然不同（Poza，Alfred & Maheshawi，1997）。当企业的所有权集中在第一代领导人身上时，企业的创业创新行为高，而当企业的所有权传递到第二代或多代时，企业表现出的创业创新意愿下降，一方面可能是企业所有权的分散，家族成员战略目标的不同引发了家族内部矛盾，从而影响到企业的创业创新行为，进而使企业绩效表现不佳。另一方面，第二代或多代领导者多是守业，所以对创业创新行为会表现得更加谨慎。对于此问题的研究，理想的研究数据应在实际的继承过程中和之后收集，关于方法，早前的研究主要是定量研究，未来定性研究将是一个很有用的补充，多案例研究尤其适合回答“如何”和“为什么”的问题（Eisenhardt，1989）。通过案例来加深这方面复杂的情境因素（Yin，2003），理解影响家族企业创业创新行为的家族特征很重要。

第二节 中观结果

中观结果集中于家族企业的专业化管理、家族企业战略和家族企业绩效，而这其中家族企业的财务绩效又是家族企业中观结果的核心。在这类研究中，大量的研究集中在比较家族和非家族企业的企业绩效上。

一方面研究表明家族企业的财务业绩不如非家族企业（Chandler，1977；Claessens，Djankov，Fan & Lang，2002；Miller，Le Breton - Miller，Lester & Cannella，2007；Schulze et al.，2001），主要是由于专业化管理问题。另一方面，研究人员则提出了相反的结论，表明家族环境可能有助于实现独特的绩效优势（Andres，2008；Hanbbershon，2007；Williams & MacMillan，2003；Sirmon & Hitt，2003）。值得注意的是，Van Essen 等（2011）的荟萃分析中指出了在上市企业中，家族企业的绩效优于非家族企业，他们进一步指出，这种表现可以用创始人效应来解释，这在之前的研究中也被提出过（Villalonga & Amit，2006）。创始人效应表明，第一代企业，即创始人经营的企业，实现了绩效溢价，而后来的家族企业的表现不如非家族企业。

家族企业在国家的所有企业中所占比例较高（Astrachan & Shanker，2003；Chrisman，Chua & Kellermanns，2009），但这些企业大多数都不是公开交易的。因此，尽管对上市企业的研究显示了差异性，但这些研究仍然忽略了大多数没有上市的家族企业的存在，未来研究需要对非公开交易的家族企业进行验证，关注这些家族企业与非家族企业之间的绩效的差异。在中小型的家族企业中，积极的专业化管理（Eddleston & Kellermanns，2007）或负面的裙带关系（Schulze et al.，2001）更有可能直接对家族企业绩效产生影响。

Thomsen 和 Pedersen（2000）认为家族企业业主的身份会影响他们在激励、技术和监督等专业化管理方面的决策，家族股东和家族成员管理者有时对于他们的职责很难明确（Kets de Vries，1993），因为，家族企业所有者通常会更关注一些非财务绩效，如社会情感目标。家族成员拥有的现金流权会使得他们有机会为家族成员谋利进而影响企业财务绩效（Yammeesri & Lodh，2004）。

社会情感目标是家族企业的独特之处，满足了家族情感需求的非财务方面的家族企业绩效（Gomez－Mejia et al.，2007）。社会情感财富来自与权威、地位、社会资本和将企业传承到下一代的愿望的非经济利益。这些因素有意识或无意识地影响家族企业的行为。例如，Berrone和他的同事（2010）的研究数据显示，家族企业比非家族企业在维护社会情感财富方面的欲望更高。因此，了解社会情感财富是如何产生的，以及它的影响结果，对于了解家族企业的行为和随后的经济表现是很重要的。

家族企业的战略应视为一个有价值和重要的结果变量。对家族企业战略的规划将会消除企业对只维持低收入水平的关注，使这些企业能够跨代发展，并为潜在增长的家族成员提供收入。家族企业正处于增长必须式（Poza，1989；Hanion Poza Kishida，2004）。因此，有必要调查有利于成长和成功战略的家族因素。然而，并不是所有企业的战略都具有可比性，战略的类型，如家族企业所属的行业和资源禀赋要符合研究背景和问题，以确保得出结论是有效的（Shepherd & wikiund，2009；Wikiund，Pazeft & shepherd，2009）。

在研究方法上，目前没有通过纵向设计来研究长期的家族企业绩效的方法，这方面研究尚属空白。即使在更成熟的战略领域，对滞后时间超过3～5年的绩效研究也几乎没有。这一空白可以解释我们为什么对上市非家族企业比第二代和多代之后家族企业表现更好的原因只有有限的理解。未来的研究应该集中在这个结果类别上来。

第三节　微观结果

家族企业因家族关系对企业的独特影响而区别于非家族企业（Eddleston & Kellermanns，2004）。家族管理、家族所有权、跨代继承意愿等家族企业的要素是重要的，而这些要素中家族关系至关重要。研究显示了家族和谐在家族关系中的重要性，其表现在家族成员在家族企业管理中同步整合企业的程度上，当家族缺乏情感和情感纽带可能使企业出现功能失调。家族成员因具有某种身份或地位而被预期要表现出某种行为模式，可能在不同的时间因不同目的而需扮演多种角色，多种角色需求会导致两种必不可少的角色压力：即角色超载和角色干扰，这很可能产生关系冲突。同时，当家族成员不能理解他所处的角色具体应承担什么责任时，就会有挫败感。角色压力是家族企业一个很重要的冲突来源。

家族关系冲突已被认为会干扰家族成员工作的努力程度和减少家族企业的凝聚力和企业名誉。家族关系冲突尤其容易在家族成员晋升、继任和新的家族成员进入企业时被引发。家族成员关系冲突使得一些家族成员为提升他们在企业中的地位而投入过多的政治行为，这显然偏离了企业目标。当家族纽带和凝聚力很强时，家族成员的自利行为和冲突会受到适当的抑制。积极的家族关系互动会强化家族员工间的相互依赖，促进家族员工的融洽相处和协作，是家族企业员工间建立信任和对企业产生忠诚的关键。

虽然文献已经确定了家族关系与企业发展过程相关的重要性（Baron，2008），但这一主题仍未被广泛探讨（Stanley，2010）。例如，家族关系如何影响家族企业的决策行为。Stanley（2010）的研究表明，早期的创始人的经验可能会导致家族企业走向路径依赖。例如，家族企业往往不愿改变创始人制定的文化或商业模式，这种坚持可以产生非常积极的效果，但也会限制家族企业做出正确决策的能力。这样的路径依赖可以解释一个创始人的影子如何能在家族企业的第一代之外持续存在。Moms 等（2010）发现，家族创始人和非家族创始人在情感状态上存在差异，家族创始人往往比非家族创始人带来更多的正面情绪（Morris et al.，2010；Stanley，2010），家族创始人早期的情感经历会烙印在企业身上，巩固企业的主导决策过程和实践。因为家族和非家族成员的创业经历不同（Morris et al.，2010；Stanley，2010），家族企业遵循与非家族企业根本不同的战略路径。由于家族企业对创始人的依赖（Kelly，Athanassious & Crittenden，2000），这些差异可能会一直延续到未来。

此外，情感可能为冲突的发生提供进一步的动机（Kellermanns，Floyd，Pearson & Spencer 2008），在家族企业中，情感明显地与家族企业中利他主义相关。情感可能有助于更好地解释家族企业的利他主义类型（Eddleston & Kellermanns，2007；Schulze et al.，2001），这是至关重要的，因为利他主义已经被证明会影响家族企业的各种发展进程（Eddleston & Kellermanns，2007；Schulze et al.，2001）。

企业中家族的身份认同，被认为是员工的自我感知和作为组织一员的知觉（Zellweger，Eddleston & Kellermanns，2010）。对家族企业认同标志着员工在家族和企业系统之间的联系，是理解家族企业行为和绩效的重要基石（Sundaramurthy & Kreiner，2008；Zellweger et al.，2010）。

第四节 讨论与发展

家族企业的结果由上述宏观、中观和微观的家族结构构成，这反映了家族企业不应只看成由家族、企业和家族成员构成，其还与外部环境互相作用组成的一个开放系统，微观结果中的家族性依靠投入与保持两方面创造资源优势，独特的家族性资源在家族成员的运用下，为企业产生竞争优势，这些竞争优势投入创业创新过程中，使战略创新与外部的商业环境相结合，经过再次互动影响形成新竞争优势，对家族企业的绩效产生影响，同时增强对社会经济的贡献，因此，家族企业各层面的结果变量可能高度交织，且并不是相互排斥的。为了充分了解家族企业的经营状况，需要考虑家族和企业的相关结果，即宏观层面的结果、中观层面的结果和微观层面的结果，这三个结果类别相互关联，相互促进。

结果变量之间的相互作用突出表明需要改进的方面和方法，如发展家族性的评价指标是必需的（Habbershon & Williams，1999；Habbershon et al.，2003）。直接获取社会情感财富的绩效指标的发展将是非常有益的（Berrone et al.，2010，Gomez – Meila et al.，2007）。一种包含财务和非财务方面的家族企业绩效的结构，财务和非财务家族企业具体绩效指标的发展也是必要的，尤其是非财务绩效指标需要进一步调查。Mahto，Davis，Pearce 和 Robinson（2010）认为对家族企业绩效的满意度应被视为一种绩效，因为在家族企业中，利润最大化并不是唯一的理想目标，对效绩的满意度包括家族和谐、家族认同和家族承诺等概念的测算。

然而，对绩效满意度的测量也会出现一个问题，因为家族企业的目标和绩效预期各不相同，那么在家族企业之间可能并不具有可比性，例如，一个生活型的家族企业和一个需要为多个家族成员提供就业或收入的多代家族企业就不具有可比性。Richard 等（2009）对家族企业绩效测量进行了概述，并提出了各种各样的操作化建议，并呼吁进行更多的研究，以解决他们所要求的更严格的绩效衡量标准。在家族企业与竞争对手比较时，财务绩效有众多绩效指标（Eddleston et al.，2008）的替代方案，特别是当它与客观的绩效紧密相关的时候（Ling & Kellermans，2010）。

不同层面的家族企业结果变量都是协同工作的，研究人员需要了解这些结果的复杂关系网络。家族企业的所有者和研究者都需要明白，仅仅关注家族或企业目标是不够的，每个家族企业在关注财务绩效时，还必须发展家族层次的目标，这反映了家族的需要和愿望。为了使家族企业的整体价值最大化，这是必需的。家族企业中价值由情感价值和财务价值两部分组成（Astrachan & Jaskiewicz，2008；Zellweger & Astrachan，2008）。因此，三个层面的绩效结果类别之间相互关联，家族层次目标应该包含并且包含每个层次结果的多个要素。然而，尽管这种方法对实践者非常有用，但这并不是学术研究的理想绩效测量，因为它们具有高度的异质性（Richard，Devinney，Yip & Johnson，2009）。

家族企业应该建立财务和非财务绩效的优先次序。这可能不是一件容易的事，因为不同的家族对组织期望目标持有不同的态度（Gersick，Davis，Hampton & Lansberg，1997）。因此，家族成员在关于优先级上达成战略共识是很重要的（Kellermanns，Walter，Floyd，Lochner & Shaw，2011；Kellermanns，Walter，Lochner & Floyd，2005），同时在专业化管理中设计必要的冲突管理策略也很重要（Sorenson，1999）。在家族企业的生命周期（Hoy & Sharma，2010）中，雇佣更多的家族成员的愿望是实现家族目标的一个关键指标（Poza，1989），但这些期望和家族抱负基于企业生存能力的保障，若企业的生存目标不能达到，家族目标将永远不会实现。

由于家族成员之间以及与企业之间的长期关系，家族的参与有利于监督和制约经营者，家族应成为企业发展的原动力，发挥家族在企业中的积极作用，尤其是对家族性和家族企业文化的管理。家族企业管理者需勤于对家族性的识别和管理，将其视作家族企业管理的重要部分，而且要重视如何发挥家族企业文化的作用，如家族企业价值观、家族企业愿景、社会责任等。家族企业在追求家族企业绩效时，为适应外界环境的变化和成长中产生的不同于之前的家族性，需定期诊断这些新的因素如何对家族企业发展产生影响，哪些因素是积极的需要加以提倡的，哪些因素是消极的需要限制约束的。同时，家族与企业在与动态环境的互动中，家族企业文化应做什么调整，使其为企业的发展产生正面的驱动力。

家族企业若能拥有融洽、互助和互信的家族企业内部社会资本，镶嵌在企业中的家族性对家族企业的影响才能形成区别于非家族企业的竞争优势，并在企业的管理实践和战略中发挥战略作用。家族企业的治理结构，对家族成员的教育和培育，对家族成员的职业生涯规划，薪酬设计和评估等专业化管理的设计，有助于提高家族成员的自我认知，避免家族成员冲突进而与非家族管理者和谐相处。外部社会资本，如企业与上下游客户、银行和其他业务方的关系，在企业发展中的积累和在代际中的转移，有助家族企业对创业创新机会的识别，进行国际化战略和战略创新。潜在的继承人要尽早地进入企业，在干中学。创一代的家族领导人将企业的隐性知识和一些特殊资源在跨代家族成员中转移，使家族资源转化为企业资源。与利益相关者保持长期稳定的合作关系，使得企业在家族的传承中，得到各方利益相关者的支持，使业务交接平稳，促进家族企业发展的可持续性。

在面对全球经济、政治、科技及文化环境的变动时，企业转型及文化传承等挑战皆会增加以上问题的不确定性，家族企业的可持续性发展涉及家族与企业系统的平衡，家族系统中家族成员间的团结或冲突、错综复杂关系以及继承人数的多寡、财产的分配、企业所有权与经营权的安排、家族企业的专业化管理和战略制定等，这些都是家族企业所要面临的问题。而对于接班传承，是一个时间愈长复杂度愈高的问题，愈早规划与安排，运用好制度与外部法律框架，愈能接近想要达成的理想状态。家族宪法与家族办公室等机制的治理结构，也需要时间与不同层次的沟通及设计。因此，家族关系、家族员工角色、代际传承、专业化管理、家族企业战略和社会经济影响等都应包含在内，缺一不可，才能平衡家族和企业的需求和目标。

第五节　对我国家族企业可持续性发展的启示

当前我国家族企业面临着以复杂经济为特征的新形势，处于成形期的家族企业面对的挑战是如何从传统制造业转向现代制造业，如何从传统服务业转向现代服务业，如何从产业为本的经营模式转向产业、资本、品牌运作、国际化等多种因素有机结合的发展战略，如何理清家族里各方势力之间的关系，顺利从创业一代交接给下一代继任者，并获得员工的信任。我国家族企业深受中华民族传统文化的影响，其形成和发展当中的某些独特发展规律或内涵，既有内部矛盾与家族分裂难免的先天弱点，同时亦有不容低估的源源不尽的家族发展动力。家族系统由家族主导或控制，以家族利益为主要考量；而企业系统则假设其基于经济及商业原则的运作。虽然每个系统均根据各自的规则运作，但它们亦有互动的一面。互动往往产生反馈，每个系统的正面反馈均有助家族企业的增长和发展。相反，负面反馈则会导致低效率，产生矛盾。

在家族系统方面，因继承而产生的内部矛盾，往往会加剧家族成员的冲突，并无可避免地会削弱家族成员之间的互信，最终更会阻碍企业的运作。家族企业的裙带关系意味着任人唯亲，非家族的专业人士难以进入企业管理层的核心，结果自然会削弱组织的灵活性和效率，进而会弱化企业的表现，在实践中，因家庭不和而导致破坏性后果的例子不难找到。当裙带关系造成负面影响，或当企业的运作更多的是为了维护家族的荣耀而非是满足自身的需求，管理决策受到家族的影响就很明显了，这种影响是家族冲突在经营领域的延伸，而且这种冲突会循环发生，最终发展为其他形式的恶性冲突，权力和利益无疑是引起这种冲突的导火线。在企业系统方面，管理层内家族成员的过分集中往往会带来激烈的竞争而产生矛盾，继任者会在战略实施上选择在错误的时机进行扩张，以及未经考量便进行变革，在经济周期下滑时期，管理不善的家族企业更会受到沉重打击，过分集中的权力及低度的授权会阻碍员工的合作，使得他们对企业的满意度和投入度降低，继承的过程也会变得复杂。

家族企业本质上属于经济或商业单位，且发展目标为股东利益最大化。企业一般有其发展周期，简单来说是由小到大的发展轨迹，令其结构和企业文化出现不同的变化，而家族系统也会受到家族的生命周期和价值观念所左右。通常来说，当创业者仍年轻，尚未组织自身家族时，其发展动力与承担风险的能力便极为不同；到创业家长成家立室，甚至育有年幼子女时，其顾虑与发展目标，又会出现变化；当家族企业创始人进入老年，子女长大，并计划接班之时，其继任计划可能会出现不断地调整；家族企业创始人离世，已各有家室的第二代全面接班后，企业的发展格局会进入另一截然不同的阶段，其各方面的考虑和策略，必须做出调整。家族企业中的企业系统深受家族系统的生命周期的影响，企业系统的发展若不顾及家族系统的变化，家族企业是无法“独善其身”的。具体应在宏观层面、中观层面和微观层面上注意以下方面：

1. 在监管的商业环境方面提供有力的制度支持

稳定的经济法治环境是家族企业延续的基础。改革开放四十年来，家族企业的发展由小到大，在转型期的大环境下，家族企业仍然面临着社会有法难治的情况，因此，有针对性地进行立法，在全社会营造一个良好的家族企业发展环境，这样才能从根本上促进家族企业的发展。我国的公司法对家族企业的治理规范问题，没有专门的章节进行规范，只把家族企业放在一般的规范中，忽视了家族企业的特殊性，这并不符合实际，因此，有必要在遵守公司法基本原则的前提下，针对我国家族企业的特殊性，单列一章进行规范管理，再如物权法，也没有对家族企业的财产保护问题进行专门的规范。由此可见，当前我国的制度环境，除了前面提到的公司法、物权法外，还需针对家族企业法人财产的有关权属问题进行立法，这些制度供给不足对家族企业的发展来说未能提供有利条件。

2. 对潜在继承人的培养

企业家是企业的灵魂，但我国的家族企业并没有建立起自己的企业家培养机制。对于外人，由于家族的利他主义使得目前还未能完全放手去培养和善用；对于家族成员也缺乏系统的培养机制，在家庭教育中过渡满足孩子的物质欲望，来体现对孩子的关爱，这种教育方式使接班人从小养成许多不良习惯。由于家庭教育的不足，使得学校教育很难见效。怎么解决这个问题，家族企业接班人的家庭教育显得非常重要，家族传统、家族价值和家族文化的灌输可为潜在的继续人创造一个良好的家族教育氛围，并让潜在继承人能在早期就进入家族企业，参加企业会议和商业活动，了解家族业务，与家族企业的利益相关者保持联系，以取得他们的支持，而且随着企业经营环境日趋复杂，单一人选接班模式可能已不再适用，家族企业进行接班遴选时，应取代单一接班人的思维，按照系统化流程，挑选出一批具有潜力的接班人人选，施以接班训练。接班成员，应涵盖各类专业，性格上也建议能够互补，并对应到企业各关键职位，为成功的继承创造条件。

3. 家族企业文化的构建

为了适应快速的技术变革，全球化的竞争，迎接知识经济的挑战，家族企业必须具有积极的主动性、风险承担性及灵活性，若只知尊重传统而不会适时而变，只会窒息创业创新精神，阻碍家族企业的发展。

(1) 建立新型的人情法则，规范人际互动。家族企业的核心资源是家族网络，中国企业中的核心概念“关系”，如今已是举世皆知，过去中国社会，人情、权势与钱财是三个最主要的社会资源，三者若能相互增强，则无往不利。因此，人们热衷于将大量的人力、财力和物力投放在如何“打通”关系、“润滑”关系上，这使得呈现出“功用主义”或“工具主义”的价值观。人们最重视的不是道德，而是如何运用最快捷的方法，通过人力以及其他各种资源，以攻取某种可欲的目标，常使得某些作风显得没有原则，而表现出“情境取向”行为。这容易在家族企业中引起拉帮结派，引起家族成员冲突，造成企业内部摩擦，阻碍企业员工的良性竞争，所以企业在各种工具性关系的人际互动情境中，需建立新型的人情法则来规范人与人之间的人际互动。建立公平的管理制度，家族企业员工和非家族员工在同一制度面前一视同仁。只有重视制度的公平性和持久性，才能激发非家族员工的工作热情，增强企业竞争力。

（2）弱化地位等级意识，在和谐中激发创新。家族和谐构成了企业存在的前提，地位的等级意识保证了企业足够的稳定性以避免企业陷入整体混乱当中，但过度强调地位等级意识又会以群体之是为是，以群体之非为非，遏制家族企业的创业创新。家族企业必须有足够的创造性以保障竞争优势，若只会维护家族企业的权威，和谐的组织布局，虽使家族企业具有很大的稳定性，但一旦和谐的布局已经取得，那么优化将很难改变。家族企业也已经认识到在动态的环境下过分的和谐组合所潜藏着的内部危险，传统地位伦理的思想已受到质疑。传统文化中的权威领导、地位差序信任、光宗耀祖的取向对代际传承的影响会产生不同的差异。当下，家族企业主需要放松控制，弱化地位等级意识，以驾驭变革引起的各种冲突并向新方向出发，这有助于家族企业在和谐中保持一定的灵活性及速度，使家族企业能迅速灵活的改变方向不断进行创新。

（3）注重家族企业文化的民族性并与优秀传统文化的融合。中国社会在开始与西方接触之前，居于主流地位的是“儒家伦理”，其性质基本上是“文化主义”和“家族主义”糅合出来的产品。最具代表性的就是“三纲五常”和“修身养性”的伦理教条。这一套向来被奉为圭臬的伦理价值体系，到了清末因为西方列强对中国的割据和欺凌，成为许多受过传统儒家教育进步知识分子所讨伐的对象，几乎被当作当时中国之所以积弱不振的替罪羊。因为要挽救中国的危亡而启动的文化自我批判，终于导致后来的全面反传统运动。中华传统文化中有很多精华与家族的传统、家族教育有关，这些可增加家族企业对待员工的方式和员工对企业的忠诚，使员工产生对家族企业的依恋，同时吸取一些优秀的文化，如日本民族的群体精神、集体意识、团体精神与欧美国家的创新文化等结合起来。

(4) 挖掘传统文化中积极的价值观，树立鼓舞人心的目标和使命。家族企业价值观就是家族企业在追求经营成功的过程中，对生产经营和目标追求以及自身行为的根本看法和评价。不同企业对自身价值信念的表述虽各有不同，但无一不是强调企业在社会生活中的存在价值，并以此将企业与员工凝聚在一起。家族企业可将积极向上的中华传统文化价值观，如克己自律、勤俭持家、强调亲情和信任关系等融入企业价值观的建设中，使员工把维护企业利益和企业发展视作最有意义的工作，从而激发员工极大的工作主动性，增加企业的外部适应能力和内部协调能力，企业也能由此获得成功和发展。所以，家族企业文化的建设，应从国家、民族和企业的实际出发，发扬传统文化中积极的价值观，并站在世界的高度为企业树立鼓舞人心的目标和使命，这样才能使企业与国家的发展相关。使命感能激发员工巨大的热情和创新欲望，产生持续的能力，实现家族企业的永续发展。

4. 完善家族治理机制

家族规模往往比企业规模发展得更快，后者受限于经济、法律法规及企业本身经营能力等诸多因素。而家族企业发展的规模，往往不足以满足所有家族成员的职业生涯需求，因此，随着家族老一辈成员年纪增长及新成员的加入，彼此的互动将日趋复杂，造成家族企业根本的矛盾与冲突，规模越是庞大、家族成员越多的家族企业，越需要完善家族治理机制。完善的家族治理机制可协助凝聚家族成员，成功地将家族创业精神与愿景传递到下一代，并有效管理家族企业的利益冲突。家族治理专业化，可通过建立家族内部规则管理家族和企业间的互动，包括建立家族规范、家族决策过程的基础架构、建构正式的沟通平台，如家族宪法、家族决策平台、家族办公室等。相较于欧美老牌家族企业，我国家族企业的历史不长，尤其是我国家族企业偏重通过人际关系建构信任，进行商业交往，企业经营与管理制度的家族治理机制，仍存在不少需完善和创新的空间。虽然各家族企业未必能在同一种治理模式上达到一致，但可以确定的是，家族企业必须积极完善能够面对未来经营环境变革、企业转型或代际传承的家族治理制度，以避免企业内部冲突而发生企业内耗的风险，确保创业人辛勤建立的家业得以代代相传，达到企业永续及家族和谐的目标。

5. 建立完善的企业留才制度

专业化的外部人力资源是家族企业发展的动力，但如何保留优秀的外部人才，对家族企业来说是一大挑战。其挑战除涉及外部专业化人才是否能适应独特的家族企业企业文化之外，也涉及员工奖酬制度的执行与设计。家族企业应将整体奖酬策略与企业营运策略进行联结，选择最适合的奖酬组合，以激励这些职业经理人达到组织绩效，并将职业经理人的决策导向与企业永续经营的长远规划联系起来，而非仅为追求短期绩效结果。通过董事会功能强化职业经理人的薪资奖酬设计制度化，这对于外部的经理人、董事、监事及家族成员的薪酬的管理，能够发挥一定的制衡作用。一旦建立起良好的监督机制，让职业经理人了解企业对于奖酬是规范和合乎制度的，自然能淡化人为色彩，吸引优秀的外部人才留任。在实际操作上，可设计长期绩效奖酬机制，如递延性奖酬工具，因为长期绩效奖酬主要是希望执行董事及高阶经理人在追求获利的同时，能顾及企业的长期发展、股东利益，目的是促使外部经理人成为公司股东，以协同的视角努力追求公司利益最大化，降低经营权与所有权分离对组织可能造成的负面影响。

6. 对家族性的培养和积累

正如许多学者指出：家族性是家族企业的特色之一，是企业的战略性资源。虽然现在家族性的内涵已经变得更宽泛，但对于家族企业的发展相当有韧性，而且变得更加重要。家族性越来越重要的原因之一是家族成员彼此间的相互依赖性。父母亲不仅会竭尽所能地养育并照顾子女，还会将企业作为遗产传递给子女。当有家族成员遇到困难而需要帮助时，其他家族成员也会义无反顾地伸出援手。家族以其传统的“人情法则”和其亲戚、朋友交往，有助于维持企业与外界形成的外部网络。在现代工商业社会中人际关系是最大特色之一，用家族和亲友之间的情感作为工具，互相帮忙，来追求个人生活中的目标。除了需要和具有情感性成分的亲戚、朋友交往之外，还与情感性关系网之外的其他人建立工具性关系，以获取各种不同的社会资源，来满足家族或企业的需要。家族性的培养与积累使家族与外界共同编织了一张巨大的网，为企业获取了创业创新的机会，弥补了实施战略中资源和能力的不足。

我国家族企业在经济新常态下虽然面临多重挑战，但这并不能阻挡我国家族企业在经济中所扮演的重要角色和向前发展的远景。从理论层面上说，家族企业需平衡家族系统与企业系统的需求和目标；在实践层面上，家族企业需处理好家族关系，明确家族成员角色，培养和积累家族性，构建专业化家族企业文化和企业留人等制度，勇于对治理机制做出创新，正视家族企业发展中存在的问题，找到我国家族企业发展的出路，并在发展中保持家族和企业的平衡，这样才能实现我国家族企业的可持续性发展。

参考文献

［1］ Alavi M T， Karami A. Managers of Small and Medium Enterprises： Mission Statement and Enhanced Organisational Performance ［J］. The Journal of Management Development，2009，28 （6）： 555 –562.

［2］ Allison T H， McKenny A F， Short J C. Integrating Time into Family Business Research： Using Random Coefficient Modeling to examine Temporal Influences on Family Firm Ambidexterity ［J］. Family Business Review， 2014， Vol. 27 （1） 20 –34.

［3］ Amarapurkar S S， Danes S M. Farm Business – owning Couples： Interrelationships Among Business Tensions， Relationship Conflict quality， and Spousal Satisfaction ［J］. Journal of Family and Economic Issues， 2005， 26 （3）： 419 –441.

［4］ Anderson A R， Jack S L， Dodd S D. The Role of Family Members in Entrepreneurial Networks： Beyond the Boundaries of the Family Firm ［J］. Family Business Review， 2005， 18 （2）： 135 –154.

［5］ Anderson R C， Reeb D M. Founding – family Ownership and Firm Performance： Evidence from the S&P 500 ［J］. The Journal of Finance， 2003， 58 （3）： 1301 –1328.

［6］ Anderson R C， Mansi S A， Reeb D M. Board Characteristics， Accounting Report Integrity， and the Cost of Debt ［J］. Journal of Accounting and Economics， 2004， 37 （3）： 315 –342.

[7] Arosa B, Iturralde T, Maseda A. Ownership Structure and Firm Performance in Non – listed Firms: Evidence from Spain [J]. Journal of Family Business Strategy, 2010, 1 (2): 88 –96.

[8] Astrachan J H, Jaskiewicz P. Emotional Returns and Emotional Costs in Privately Held Family Businesses: Advancing Traditional Business Valuation [J]. Family Business Review, 2008, 21 (2): 139 –149.

[9] Astrachan J H, Kolenko T A. A Neglected Factor Explaining Family Business Success: Human Resource Practices [J]. Family Business Review, 1994, 7 (3): 251 –262.

[10] Astrachan J H, Shanker M C. Family Businesses' Contribution to the US Economy: A Closer Look [J]. Family Business Review, 2003, 16 (3): 211 –219.

[11] Autio E, Mustakallio M. Family Firm Internationalization: A model of Family Firm Generational Succession and Internationalization Strategic Postures [C] //Theories of the Family Enterprise Conference, University of Pennsylvania, Philadelphia, (December) . 2003.

[12] Bammens Y, Voordeckers W, Van Gils A. Boards of Directors in Family Businesses: A Literature Review and Research Agenda [J]. International Journal of Management Reviews, 2011, 13 (2): 134 –152.

[13] Banalieva E R, Eddleston K A. Home – region Focus and Performance of Family Firms: The Role of Family vs Non – family Leaders [J]. Journal of International Business Studies, 2011, 42 (8): 1060 –1072.

[14] Barney J B, Clark D N, Alvarez S. When do Family Ties Matter? Entrepreneurial Market Opportunity Recognition and Resource acquisition in Family Firms [C] //Babson – Kaufman Entrepreneurship Research Conference. 2003: 294 –308.

[15] Bartholomeusz S, Tanewski G A. The Relationship between Fami-

ly Firms and Corporate Governance [J]. Journal of Small Business Management, 2006, 44 (2): 245 - 267.

[16] Basco R, Pérez Rodríguez M J. Studying the Family Enterprise Holistically: Evidence for Integrated Family and Business Systems [J]. Family Business Review, 2009, 22 (1): 82 - 95.

[17] Berger P. T. Luckmann. The Social Construction of Reality [M]. Garden City, NY: Doubleday, 1966.

[18] Bergfeld M M H, Weber F M. Dynasties of Innovation: Highly Performing German Family Firms and the Owners' Role for Innovation [J]. International Journal of Entrepreneurship and Innovation Management, 2011, 13 (1): 80 - 94.

[19] Bettis R A, Prahalad C K. The Dominant Logic: Retrospective and Extension [J]. Strategic Management Journal, 1995, 16 (1): 5 - 14.

[20] Birley A R. Some Writing - tablets Excavated at Vindolanda in 2001, 2002 and 2003 [J]. Zeitschrift Für Papyrologie und Epigraphik, 2009: 265 - 293.

[21] Björnberg Å, Nicholson N. The Family Climate Scales—Development of a New Measure for Use in Family Business Research [J]. Family Business Review, 2007, 20 (3): 229 - 246.

[22] Block J. Family Management, Family Ownership, and Downsizing: Evidence from S&P 500 Firms [J]. Family Business Review, 2010, 23 (2): 109 - 130.

[23] Blumentritt T P, Keyt A D, Astrachan J H. Creating an Environment for Successful Nonfamily CEOs: An Exploratory Study of Good Principals [J]. Family Business Review, 2007, 20 (4): 321 - 335.

[24] Boyd J, Upton N, Wircenski M. Mentoring in Family Firms: A Reflective Analysis of Senior Executives' Perceptions [J]. Family Business

Review, 1999, 12 (4): 299 - 309.

[25] Carney M. Corporate Governance and Competitive Advantage in Family - Controlled Firms [J]. Entrepreneurship Theory and Practice, 2005, 29 (3): 249 - 265.

[26] Cadieux L. Succession in Small and Medium - Sized Family Businesses: Toward a Typology of Predecessor Roles During and After Instatement of the Successor [J]. Family Business Review, 2007, 20 (2): 95 - 109.

[27] Carney M, Gedajlovic E. The Co - Evolution of Institutional Environments and Organizational Strategies: The Rise of Family Business Groups in the ASEAN Region [J]. Organization Studies, 2002, 23 (1): 1 - 29.

[28] Chirico F, Sirmon D G, Sciascia S, et al. Resource Orchestration in Family Firms: Investigating How Entrepreneurial Orientation, Generational Involvement, and Participative Strategy Affect Performance [J]. Strategic Entrepreneurship Journal, 2011, 5 (4): 307 - 326.

[29] Chittoor R, Das R. Professionalization of Management and Succession Performance—A Vital Linkage [J]. Family Business Review, 2007, 20 (1): 65 - 79.

[30] Chrisman J J, Chua J H, Sharma P. Trends and Directions in the Development of a Strategic Management Theory of the Family Firm [J]. Entrepreneurship Theory and Practice, 2005, 29 (5): 555 - 576.

[31] Chrisman J J, Chua J H, Steier L P. The Influence of National Culture and Family Involvement on Entrepreneurial Perceptions and Performance at the State Level [J]. Entrepreneurship Theory and Practice, 2002, 26 (4): 113 - 130.

[32] Chua J H, Chrisman J J, Sharma P. Defining the Family Business by Behavior [J]. Entrepreneurship Theory and Practice, 1999, 23 (4): 19 - 39.

[33] Corbetta G, Salvato C. Self – Serving or Self – Actualizing? Models of Man and Agency Costs in Different Types of Family Firms: A Commentary on "Comparing the Agency Costs of Family and Non – Family Firms: Conceptual Issues and Exploratory Evidence" [J]. Entrepreneurship Theory and Practice, 2004, 28 (4): 355 – 362.

[34] Cowling R M, Knight A T, Faith D P, et al. Nature Conservation Requires more than a Passion for Species [J]. Conservation Biology, 2004, 18 (6): 1674 – 1676.

[35] Craig J B, Dibrell C, Davis P S. Leveraging Family – Based Brand Identity to Enhance Firm Competitiveness and Performance in Family Businesses [J]. Journal of Small Business Management, 2008, 46 (3): 351 – 371.

[36] Craig J, Moores K. Balanced Scorecards to Drive the Strategic Planning of Family Firms [J]. Family Business Review, 2005, 18 (2): 105 – 122.

[37] Craig J B L, Moores K. A 10 – year Longitudinal Investigation of Strategy, Systems, and Environment on Innovation in Family Firms [J]. Family Business Review, 2006, 19 (1): 1 – 10.

[38] Daily C M, Thompson S S. Ownership Structure, Strategic Posture, and Firm Growth: An Empirical Examination [J]. Family Business Review, 1994, 7 (3): 237 – 249.

[39] Danes S M, Zuiker V, Kean R, et al. Predictors of Family Business Tensions and Goal Achievement [J]. Family Business Review, 1999, 12 (3): 241 – 252.

[40] Danes S M, Haberman H R, McTavish D. Gendered Discourse about Family Business [J]. Family Relations, 2005, 54 (1): 116 – 130.

[41] Davis J H, Allen M R, Hayes H D. Is Blood Thicker than Wa-

ter? A Study of Stewardship Perceptions in Family Business [J]. Entrepreneurship Theory and Practice, 2010, 34 (6): 1093 - 1116.

[42] Dawson A, Sharma P, Irving P G, et al. Predictors of Later - Generation Family Members' Commitment to Family Enterprises [J]. Entrepreneurship Theory and Practice, 2015, 39 (3): 545 - 569.

[43] DeVisscher F M. Financing Transitions: Managing Capital and Liquidity in the Family Business [M]. Springer, 2016.

[44] Dumas. C., Dupuis. J. P., Richer. F., St. - Cyr, L. Factors that Influence the next Generations Decision to take over the Family Farm. Family Business Review, 1995, 8 (2), 99 - 120.

[45] Dyer W G. Cultural Change in Family Firms [M]. Jossey - Bass, 1986.

[46] Dyer Jr W G, Dyer W J. Putting the Family into Family Business Research [J]. Family Business Review, 2009, 22 (3): 216 - 219.

[47] Dyer W G, Mortensen S P. Entrepreneurship and Family Business in a Hostile Environment: The Case of Lithuania [J]. Family Business Review, 2005, 18 (3): 247 - 258.

[48] Dyer W G, Whetten D A. Family Firms and Social Responsibility: Preliminary Evidence from the S&P 500 [J]. Entrepreneurship Theory and Practice, 2006, 30 (6): 785 - 802.

[49] Ehrhardt O, Nowak E. Private Benefits and Minority Shareholder Expropriation (or what Exactly are Private Benefits of control?) [C] //EFA 2003 Annual Conference Paper. 2003 (809): 1.

[50] Eddleston K A, Kellermanns F W. Destructive and Productive Family Relationships: A Stewardship Theory Perspective [J]. Journal of Business Venturing, 2007, 22 (4): 545 - 565.

[51] Eddleston K A, Kellermanns F W, Floyd S W, et al. Planning

for Growth: Life Stage Differences in Family Firms [J]. Entrepreneurship Theory & Practice, 2013, 37 (5): 1177 - 1202.

[52] Fazio R H, Olson M A. Implicit Measures in Social Cognition Research: Their Meaning and Use [J]. Annual Review of Psychology, 2003, 54 (1): 297 - 327.

[53] Fei H, Fei X, Hamilton G G, et al. From the Soil: The Foundations of Chinese Society [M]. Univ of California Press, 1992.

[54] Feltham T S, Feltham G, Barnett J J. The Dependence of Family Businesses on a Single Decision - Maker [J]. Journal of Small Business Management, 2005, 43 (1): 1 - 15.

[55] Fernández Z, Nieto M J. Internationalization Strategy of Small and Medium - Sized Family Businesses: Some Influential Factors [J]. Family Business Review, 2005, 18 (1): 77 - 89.

[56] Fiegener M K. Locus of Ownership and Family Involvement in Small Private Firms [J]. Journal of Management Studies, 2010, 47 (2): 296 - 321.

[57] Fiegener M K, Brown B M, Dreux D R, et al. The Adoption of Outside Boards by Small Private US Firms [J]. Entrepreneurship & Regional Development, 2000, 12 (4): 291 - 309.

[58] Fitzgerald M A, Muske G. Copreneurs: An Exploration and Comparison to other Family Businesses [J]. Family Business Review, 2002, 15 (1): 1 - 16.

[59] Fombrun, C., Shanley, M. What's in a Name? Reputation Building and Corporate Strategy. Academy of Management Journal [J]. 1990, 33, 102 - 110.

[60] Gallo M á, Tàpies J, Cappuyns K. Comparison of Family and Nonfamily Business: Financial Logic and Personal Preferences [J]. Family

Business Review, 2004, 17 (4): 303 – 318.

[61] García – lvarez E, López – Sintas J. A Taxonomy of Founders Based on Values: The Root of Family Business Heterogeneity [J]. Family Business Review, 2001, 14 (3): 209 – 230.

[62] Garcia – Alvarez E, López – Sintas J, Saldaña Gonzalvo P. Socialization Patterns of Successors in First – to Second – Generation Family Businesses [J]. Family Business Review, 2002, 15 (3): 189 – 203.

[63] Gedajlovic E, Cao Q, Zhang H. Corporate Shareholdings and Organizational Ambidexterity in High – Tech SMEs: Evidence from a Transitional Economy [J]. Journal of Business Venturing, 2012, 27 (6): 652 – 665.

[64] Gibson C, Birkinshaw J. The Antecedents, Consequences, and Mediating Role of Organizational Ambidexterity [J]. Academy of Management Journal, 2004, 47 (2): 209 – 226.

[65] Gómez – Mejía L R, Haynes K T, Núñez – Nickel M, et al. Socioemotional Wealth and Business Risks in Family – Controlled Firms: Evidence from Spanish Olive Oil Mills [J]. Administrative Science Quarterly, 2007, 52 (1): 106 – 137.

[66] Gebert D, Boerner S, Lanwehr R. The Risks of Autonomy: Empirical Evidence for the Necessity of a Balance Management in Promoting Organizational Innovativeness [J]. Creativity and Innovation Management, 2003, 12 (1): 41 – 49.

[67] Gersick K E, Davis J A, Hampton M M C, et al. Empresas Familiares: Generación a Generación [M]. México: McGraw – Hill, 1997.

[68] Godfrey, P. C. The Relationship between Corporate Philanthropy and Shareholder Wealth: A Risk Management Perspective, Academy of Management Review [J], 2005, 30 (4), 777 – 798.

[69] Graafland J J. Corporate Social Responsibility and Family Business

[C] //Research Forum of the Family Business Network 13th Annual Conference. 2002：11 –14.

[70] Granovetter M. The Impact of Social Structure on Economic Outcomes [J]. Journal of Economic Perspectives，2005，19 (1)：33 –50.

[71] Graves C，Thomas I. Internationalization of Australian Family Businesses：A Managerial Capabilities Perspective [J]. Family Business Review，2006，19 (3)：207 –224.

[72] Habbershon T G，Williams M L. A Resource – Based Framework for Assessing the Strategic Advantages of Family Firms [J]. Family Business Review，1999，12 (1)：1 –25.

[73] Habbershon T G，Williams M，MacMillan I C. A Unified Systems Perspective of Family Firm Performance [J]. Journal of Business Venturing，2003，18 (4)：451 –465.

[74] Hall P A. Varieties of Capitalism：The Institutional Foundations of Comparative Advantage [M]. Oxford：Oxford University Press，2001.

[75] Hall A，Melin L，Nordqvist M. Entrepreneurship as Radical Change in the Family Business：Exploring the Role of Cultural Patterns [J]. Family Business Review，2001，14 (3)：193 –208.

[76] Hamel G，Ruben P. Leading the Revolution [M]. Boston，MA：Harvard Business School Press，2000.

[77] Handler W C. Succession in Family Firms：A Mutual Role Adjustment between Entrepreneur and next – Generation Family Members [J]. Entrepreneurship theory and practice，1990，15 (1)：37 –52.

[78] Harris B. Biological and hormonal aspects of postpartum depressed mood：working towards strategies for prophylaxis and Treatment [J]. The British Journal of Psychiatry，1994，164 (3)：288 –292.

[79] Harveston P D，Kedia B L，Davis P S. Internationalization of

Born Global and Gradual Globalizing Firms: The Impact of the Manager [J]. Journal of Competitiveness Studies, 2000, 8 (1): 92.

[80] Hatum A, Pettigrew A. Adaptation under Environmental Turmoil: Organizational Flexibility in Family - owned Firms [J]. Family Business Review, 2004, 17 (3): 237 -258.

[81] Hoffman J, Hoelscher M, Sorenson R. Achieving Sustained Competitive Advantage: A Family Capital Theory [J]. Family Business Review, 2006, 19 (2): 135 -145.

[82] March J G. Exploration and Exploitation in OrganizationalLearning [J]. Organization Science, 1991, 2 (1): 71 -87.

[83] Martinez Jimenez R. Research on Women in Family Firms: Current Status and Future Directions [J]. Family Business Review, 2009, 22 (1): 53 -64.

[84] Miller D, I Le Breton - Miller, R H Lester, A ACannella Jr. Are Family Firms Really Superior Performers? [J]. Journal of Corporate Finance, 2007, 13 (5): 829 -858.

[85] Salvato C, Chirico F, Sharma P. A Farewell to the Business: Championing Exit and Continuity in Entrepreneurial Family Firms [J]. Entrepreneurship and Regional Development, 2010, 22 (3 -4): 321 -348.

[86] Sharma P, Manikutty S. Strategic Divestments in Family Firms: Role of Family Structure and Community Culture [J]. Entrepreneurship Theory and Practice, 2005, 29 (3): 293 -311.

[87] Sharma P, Irving P G. Four Bases of Family Business Successor Commitment: Antecedents and Consequences [J]. Entrepreneurship Theory and Practice, 2005, 29 (1): 13 -33.

[88] Sharma P, Rao A S. Successor Attributes in Indian and Canadian Family Firms: A Comparative Study [J]. Family Business Review, 2000,

13 (4): 313 - 330.

[89] Sonfield M C, Lussier R N. First - , Second - , and Third - Generation Family Firms: A Comparison [J]. Family Business Review, 2004, 17 (3): 189 - 202.

[90] Stavrou E T, Swiercz P M. Securing the Future of the Family Enterprise: A Model of Offspring Intentions to Join the Business [J]. Entrepreneurship Theory and Practice, 1998, 23 (2): 19 - 40.

[91] Stewart A, Hitt M A. Why can't a Family Business be More Like a Nonfamily Business? Modes of Professionalization in Family Firms [J]. Family Business Review, 2012, 25 (1): 58 - 86.

[92] Howorth C, Westhead P, Wright M. Buyouts, Information Asymmetry and the Family Management Dyad [J]. Journal of Business Venturing, 2004, 19 (4): 509 - 534.

[93] Hoy W E, Davey R L, Sharma S, et al. Chronic Disease Profiles in Remote Aboriginal Settings and Implications for Health Services Planning [J]. Australian and New Zealand Journal of Public Health, 2010, 34 (1): 11 - 18.

[94] Karra N, Tracey P, Phillips N. Altruism and Agency in the Family Firm: Exploring the Role of Family, Kinship, and Ethnicity [J]. Entrepreneurship Theory and Practice, 2006, 30 (6): 861 - 877.

[95] Klein S B, Astrachan J H, Smyrnios K X. The F - PEC Scale of Family Influence: Construction, Validation, and Further Implication for Theory [J]. Entrepreneurship Theory and Practice, 2005, 29 (3): 321 - 339.

[96] Lambrecht J, Lievens J. Pruning the Family Tree: An Unexplored Path to Family Business Continuity and Family Harmony [J]. Family Business Review, 2008, 21 (4): 295 - 313.

[97] Lansberg, I. , Perrow, E. L. , Rolgolsky, S. Family Business

as an Emerging Field [J]. Family Business Review, 1998, 1 (1), 1 - 8.

[98] Leon - Guerrero A Y, McCannIII J E, Haley Jr J D. A Study of Practice Utilization inFfamily Businesses [J]. Family Business Review, 1998, 11 (2): 107 - 120.

[99] Ling, Y., Kellermanns, F. W. (2010). The Effects of Family Firm Specific Sources of TMT Diversity: The Moderating Role of Information Exchange Frequency. Journal of Management Studies, 47 (2), 322 - 344.

[100] Litz R A, Kleysen R F. Your Old Men Shall Dream Dreams, Your Young Mmen Shall See Visions: Toward a Theory of Family Firm Innovation with Help from the Brubeck Family [J]. Family Business Review, 2001, 14 (4): 335 - 351.

[101] Lumpkin G T, Cogliser C C, Schneider D R. Understanding and Measuring Autonomy: An Entrepreneurial Orientation Perspective [J]. Entrepreneurship Theory and Practice, 2009, 33 (1): 47 - 69.

[102] Lumpkin G T, Dess G G. Clarifying the Entrepreneurial Orientation Construct and Linking it to Performance [J]. Academy of Management Review, 1996, 21 (1): 135 - 172.

[103] Lumpkin G T, Dess G G. Linking two Dimensions of Entrepreneurial Orientation to Firm Performance: The Moderating Role of Environment and Industry Life Cycle [J]. Journal of Business Venturing, 2001, 16 (5): 429 - 451.

[104] Lumpkin G T, Brigham K H. Long - term Orientation and Intertemporal Choice in Family Firms [J]. Entrepreneurship Theory and Practice, 2011, 35 (6): 1149 - 1169.

[105] Mahérault L. The Influence of Going Public on Investment Policy: An Empirical Study of French Family - owned Businesses [J]. Family Business Review, 2000, 13 (1): 71 - 79.

[106] Marsh S J, Stock G N. Creating Dynamic Capability: The Role of Intertemporal Integration, Knowledge Retention, and Interpretation [J]. Journal of Product Innovation Management, 2006, 23 (5): 422-436.

[107] Maury B, Pajuste A. Multiple Large Shareholders and Firm Value [J]. Journal of Banking & Finance, 2005, 29 (7): 1813-1834.

[108] McCannIII J E, Leon-Guerrero A Y, Haley Jr J D. Strategic Goals and Practices of Innovative Family Businesses [J]. Journal of Small Business Management, 2001, 39 (1): 50-59.

[109] McConaughy D L, Matthews C H, Fialko A S. Founding Family Controlled Firms: Performance, Risk, and Value [J]. Journal of Small Business Management, 2001, 39 (1): 31-49.

[110] McDougall P, Robinson R B. New Venture Strategies: An Empirical Identification of Eight 'Archetypes' of Competitive Strategies for Entry [J]. Strategic Management Journal, 1990, 11 (6): 447-467.

[111] McMullen J S, Shepherd D A. Entrepreneurial Action and the Role of Uncertainty in the Theory of the Entrepreneur [J]. Academy of Management Review, 2006, 31 (1): 132-152.

[112] Miller D, Breton-Miller L. Family Governance and Firm Performance: Agency, Stewardship, and Capabilities [J]. Family Business Review, 2006, 19 (1): 73-87.

[113] Miller D, Breton-Miller L, Lester R H. Family and Lone Founder Ownership and Strategic Behaviour: Social Context, Identity, and Institutional Logics [J]. Journal of Management Studies, 2011, 48 (1): 1-25.

[114] Miller D, Breton-Miller L, Scholnick B. Stewardship vs. Stagnation: An Empirical Comparison of Small Family and non-Family Businesses [J]. Journal of Management Studies, 2008, 45 (1): 51-78.

[115] Morck R, Yeung B. Family Control and the rent – Seeking Society [J]. Entrepreneurship Theory and Practice, 2004, 28 (4): 391 –409.

[116] Mustakallio M, Autio E, Zahra S A. Relational and Contractual Governance in Family Firms: Effects on Strategic Decision Making [J]. Family Business Review, 2002, 15 (3): 205 –222.

[117] Nag R, Hambrick D C, Chen M J. What is Strategic Management, Really? Inductive Derivation of a Consensus Definition of the Field [J]. Strategic Management Journal, 2007, 28 (9): 935 –955.

[118] Naldi L, Nordqvist M, Sjöberg K, et al. Entrepreneurial Orientation, Risk taking, and Performance in Family Firms [J]. Family Business Review, 2007, 20 (1): 33 –47.

[119] Nordqvist M, Melin L. Entrepreneurial Families and Family Firms [J]. Entrepreneurship and Regional Development, 2010, 22 (3 – 4): 211 –239.

[120] Niehm L S, Swinney J, Miller N J. Community Social Responsibility and its Consequences for Family Business Performance [J]. Journal of Small Business Management, 2008, 46 (3): 331 –350.

[121] Poutziouris P Z. The Views of Family Companies on Venture Capital: Empirical Evidence from the UK Small to Medium – Size Enterprising E-conomy [J]. Family Business Review, 2001, 14 (3): 277 –291.

[122] Poza E J, Messer T. Spousal Leadership and Continuity in the Family Firm [J]. Family Business Review, 2001, 14 (1): 25 –36.

[123] Priem R L, Love L G, Shaffer M A. Executives' Perceptions of Uncertainty Sources: A Numerical Taxonomy and Underlying Dimensions [J]. Journal of Management, 2002, 28 (6): 725 –746.

[124] Randøy T, Goel S. Ownership Structure, Founder Leadership, and Performance in Norwegian SMEs: Implications for Financing Entrepre-

neurial Opportunities [J]. Journal of Business Venturing, 2003, 18 (5): 619 - 637.

[125] San Martin - Reyna J M, Duran - Encalada J A. The Relationship among Family Business, Corporate Governance and Firm Performance: Evidence from the Mexican Stock Exchange [J]. Journal of Family Business Strategy, 2012, 3 (2): 106 - 117.

[126] Salvato C, Chirico F, Sharma P. Understanding exit from the Founder's Business in Family Firms [M] //Entrepreneurship and Family Business. Emerald Group Publishing Limited, 2010: 31 - 85.

[127] Santiago A L. The Family in Family Business: Case of the in - laws in Philippine Businesses [J]. Family Business Review, 2011, 24 (4): 343 - 361.

[128] Schulze W S, Lubatkin M H, Dino R N, et al. Agency Relationships in Family Firms: Theory and Evidence [J]. Organization Science, 2001, 12 (2): 99 - 116.

[129] Schulze W S, Lubatkin M H, Dino R N. Altruism, Agency, and the Competitiveness of Family Firms [J]. Managerial and Decision Economics, 2002, 23 (4 - 5): 247 - 259.

[130] Sciascia S, Mazzola P. Family Involvement in Ownership and Management: Exploring Nonlinear Effects on Performance [J]. Family Business Review, 2008, 21 (4): 331 - 345.

[131] Shaker M C, Astrachan J H. Myths and Realties: Family Businesses' Contribution to the US Economy - A Framework for Assessing Family Business Statistic [J]. Family Business Review, 1996, 9 (2): 107 - 119.

[132] Sharma P, Chrisman J J, Chua J H. Succession Planning as Planned Behavior: Some Empirical Results [J]. Family Business Review,

2003, 16 (1): 1 -15.

[133] Sharma P, Chrisman J J, Gersick K E. 25 Years of Family Business Review: Reflections on the Past and Perspectives for the Future [J]. 2012. 5 -15.

[134] Sharma P, Salvato C. Commentary: Exploiting and Exploring New Opportunities over Life Cycle Stages of Family Firms [J]. Entrepreneurship Theory and Practice, 2011, 35 (6): 1199 -1205.

[135] Shepherd D A, Zacharakis A. Structuring Family Business Succession: An Analysis of the Future Leader's Decision Making [J]. Entrepreneurship Theory and Practice, 2000, 24 (4): 25 -39.

[136] Shleifer A, Vishny R W. A Survey of Corporate Governance [J]. The Journal of Finance, 1997, 52 (2): 737 -783.

[137] Short J C, Ketchen Jr D J, Shook C L, et al. The Concept of "Opportunity" in Entrepreneurship Research: Past Accomplishments and Future Challenges [J]. Journal of Management, 2010, 36 (1): 40 -65.

[138] Simon M, Houghton S M, Aquino K. Cognitive Biases, Risk Perception, and Venture Formation: How Individuals Decide to Start Companies [J]. Journal of Business Venturing, 2000, 15 (2): 113 -134.

[139] Sorenson R L. Owning Family Governance Within the Two Dimensions of Family Business [J]. The Landscape of Family Business, 2013: 37 -63.

[140] Sorenson R L, Folker C A, Brigham K H. The Collaborative Network Orientation: Achieving Business Success Through Collaborative Relationships [J]. Entrepreneurship Theory and Practice, 2008, 32 (4): 615 -634.

[141] Sorenson R L, Yu A, Brigham K H. Taking Stock of One Decade of Research: An Outcomes -based Framework for Teaching Family Busi-

ness [M] //Entrepreneurship and Family Business. Emerald Group Publishing Limited, 2010: 367 - 375.

[142] Sorenson R L. The Contribution of Leadership Style and Practices to Family and Business Success [J]. Family Business Review, 2000, 13 (3): 183 - 200.

[143] Sorensen J B, Stuart T E. Aging, Obsolescence, and Organizational Innovation [J]. Administrative Science Quarterly, 2000, 45 (1): 81 - 112.

[144] Sorenson R L. The Contribution of Leadership Style and Practices to Family and Business Success [J]. Family Business Review, 2000, 13 (3): 183 - 200.

[145] Steier L. Next - generation Entrepreneurs and Succession: An Exploratory Study of Modes and Means of Managing Social capital [J]. Family Business Review, 2001, 14 (3): 259 - 276.

[146] Stewart A, Hitt M A. Why can't a Family Business be more Like a Nonfamily Business? Modes of Professionalization in Family Firms [J]. Family Business Review, 2012, 25 (1): 58 - 86.

[147] Tagiuri R, Davis J A. On the Goals of Successful Family Companies [J]. Family Business Review, 1992, 5 (1): 43 - 62.

[148] Tokarczyk J, Hansen E, Green M, et al. A Resource - based View and Market Orientation Theory Examination of the Role of "Familiness" in Family Business Success [J]. Family Business Review, 2007, 20 (1): 17 - 31.

[149] Tsang A H C. Strategic Dimensions of Maintenance Management [J]. Journal of Quality in Maintenance Engineering, 2002, 8 (1): 7 - 39.

[150] Upton N, Teal E J, Felan J T. Strategic and Business Planning Practices of Fast Growth Family Firms [J]. Journal of Small Business Man-

agement, 2001, 39 (1): 60 -72.

[151] Villalonga B, Amit R. How do Family Ownership, Control and Management Affect Firm Value? [J]. Journal of Financial Economics, 2006, 80 (2): 385 -417.

[152] Voordeckers W, Van Gils A, Van den Heuvel J. Board Composition in Small and Medium - Sized Family Firms [J]. Journal of Small Business Management, 2007, 45 (1): 137 -156.

[153] Ward J L. Growing the Family Business: Special Challenges and Best Practices [J]. Family Business Review, 1997, 10 (4): 323 -337.

[154] Ward P T, Leong G K, Boyer K K. Manufacturing Proactiveness and Performance [J]. Decision Sciences, 1994, 25 (3): 337 -358.

[155] Wennberg K, Wiklund J, DeTienne D R, et al. Reconceptualizing Entrepreneurial Exit: Divergent Exit Routes and Their Drivers [J]. Journal of Business Venturing, 2010, 25 (4): 361 -375.

[156] Wu Z, Chua J H, Chrisman J J. Effects of Family Ownership and Management on Small Business Equity Financing [J]. Journal of Business Venturing, 2007, 22 (6): 875 -895.

[157] Zahra S A. Entrepreneurial Risk Taking in Family Firms [J]. Family Business Review, 2005, 18 (1): 23 -40.

[158] Zahra S A. The Virtuous Cycle of Discovery and Creation of Entrepreneurial Opportunities [J]. Strategic Entrepreneurship Journal, 2008, 2 (3): 243 -257.

[159] Zellweger T. Time Horizon, Costs of Equity Capital, and Generic Investment Strategies of Firms [J]. Family Business Review, 2007, 20 (1): 1 -15.

[160] Zellweger T M, Nason R S, Nordqvist M. From Longevity of Firms to Transgenerational Entrepreneurship of Families: Introducing Family

Entrepreneurial Orientation [J]. Family Business Review, 2012, 25 (2): 136 - 155.

[161] 边燕杰, 丘海雄. 企业的社会资本及其功效 [J]. 中国社会科学, 2000 (2): 87 - 99.

[162] 王明琳, 陈凌, 叶长兵. 中国民营上市企业的家族治理与企业价值 [J]. 南开管理评论, 2010, 2: 61 - 67.

[163] 陈春花. 企业文化管理 [M]. 广州: 华南理工大学出版社, 2002, 5.

[164] 陈春花. 当前中国需要什么样的管理研究 [J]. 管理学报, 2010, 7 (9): 1272 - 1276.

[165] 陈春花. 中国企业管理实践研究的内涵认知 [J]. 管理学报, 2011, 8 (1): 1 - 5.

[166] 陈凌, 叶长兵. 中小家族企业融资行为研究综述 [J]. 浙江大学学报 (人文社会科学版), 2007, 4: 172 - 181.

[167] 陈凌, 应丽芬. 代际传承: 家族企业继任管理和创新 [J]. 管理世界, 2003, 6 (2).

[168] 陈凌, 王昊. 家族涉入, 政治联系与制度环境 [J]. 管理世界, 2013, 10: 130 - 141.

[169] 陈士慧, 吴炳德, 巩键, 等. 家族凝聚力与战略先动性 [J]. 科研管理, 2016, 37 (5): 94 - 102.

[170] 李新春. 经理人市场失灵与家族企业治理 [J]. 管理世界, 2003 (4): 87 - 95.

[171] 李新春, 何轩, 陈文婷. 战略创业与家族企业创业精神的传承——基于百年老字号李锦记的案例研究 [J]. 管理世界, 2008 (10): 127 - 140.

[172] 林南. 社会资本: 关于社会结构与行动的理论 [M]. 上海人民出版社, 2005.

[173] 贺小刚，连燕玲. 家族权威与企业价值：基于家族上市企业的实证研究 [J]. 经济研究，2009，4：90-102.

[174] 贺小刚，李新春，连燕玲，张远飞. 家族内部的权力偏离及其对治理效率的影响——对家族上市企业的研究. 中国工业经济，2010，10.

[175] 贺小刚，李婧，陈蕾. 家族成员组合与企业治理效率：基于家族上市企业的实证研究 [J]. 南开管理评论. 2010，13（6）.

[176] 涂玉龙，陈春花. 家族性，家族企业文化与家族企业绩效：机制与路径 [J]. 科研管理，2016，37（8）：103-112.

[177] 涂玉龙. 家族影响，创新与企业绩效——基于广东省家族企业的实证研究 [J]. 企业经济，2012（7）：37-41.

[178] 涂玉龙. 家族，家族文化与家族企业发展 [J]. 江苏商论，2012（3）：139-142.

[179] 涂玉龙. 家族企业家精神与家族企业发展 [J]. 企业经济，2012（5）：38-42.

后 记

我在2015年8月获得教育部青年项目的资助，而在这之前我其实就已关注家族企业的研究，毕竟家族企业已成为民营经济重要组成部分，在地方经济或是国民经济中都扮演着越来越重要的角色。而当下的家族企业也面临着众多挑战，其中包括来自一代向二代的交接还有外部环境的不确定性，而家族企业如何在这样的环境下保持生存和发展呢？围绕着这个疑问，本书以家族性和家族企业文化展开研究，而随着调研和访谈的深入，我们发现要回答这个问题已不能限于这两个方面，还有家族关系、家族治理、家族战略等不同层面，于是为了完整地展现出我们的研究成果，我们在原来构思的基础上拓展了家族企业的可持续研究，聚焦于家族与企业间的平衡与发展。

本书的完成得到了我们团队成员的支持和调研中的多家家族企业以及专家的大力支持，在本书的编写过程中，我们参阅了大量的中外文献并借鉴了一些专家、学者的研究成果，尤其是国外近30年间顶尖期刊的研究成果，对此，我们尽最大可能在行文中加以注明，并在书后参考文献中一一列出，但仍难免会有疏漏，在此向所有已参考过的文献作者表示衷心的感谢！

本书作为对家族企业可持续性发展的学术思考，目的是希望起到抛砖引玉的作用，由于笔者水平所限，书中难免存在各种不足和需要再完善的地方，恳请各位专家与读者批评和指正。

涂玉龙

2018年8月27日